ACTIVITIES MANUAL

SEVENTH EDITION

Dicho y hecho

Beginning Spanish

Laila M. Dawson

Trinidad González

California Polytechnic University, Pomona

JOHN WILEY & SONS, INC.

New York • Chichester • Weinheim • Brisbane • Singapore • Toronto

VICE PRESIDENT/PUBLISHER Anne Smith
ACQUISITIONS EDITOR Helene Greenwood
TEXTBOOK DEVELOPMENT EDITOR María F. García
SUPPLEMENTS MANAGEMENT Harriet C. Dishman/Elm Street Publications
MARKETING MANAGER Gitti Lindner
NEW MEDIA EDITOR Lisa Schnettler
SENIOR PRODUCTION EDITOR Wendy Perez
TEXT DESIGN ADAPTATION Julie A. Gallagher
COVER IMAGE © Jose Ortega/Stock Illustration Source/Images.com
ILLUSTRATORS Carlos Castellanos, Peter Graw, Paul McCusker, Josée Morin, cartoons by Jeff Hall

PHOTO CREDITS
Page WB 38: Paul Barton/Corbis Images. Page LM 26 (top) Michael Newman/PhotoEdit;
(middle left) courtesy Laila Dawson; (middle right) Suzanne L. Murphy/D. Donne Bryant/PO;
(bottom left) David McNew/Getty Images News and Sport Services; (bottom right) Robert
Frerck/Woodfin Camp & Associates. Page LM 82: Mug Shots/The Stock Market.

This book was set in 11/14 Veljovic Book by Julie A. Gallagher and printed and bound by
Courier Kendallville.

To order books please call (800) 225-5945.

ISBN 0-471-45528-8

Printed in the United States of America

10 9 8 7 6 5 4 3 2 1

Contents

Preface

The *Activities Manual* that accompanies **Dicho y hecho**, *Seventh Edition*, consists of three sections: *Cuaderno de ejercicios escritos* with *Internet Discovery* sections, *Manual de laboratorio*, and *Workbook Answer Key*.

Cuaderno de ejercicios escritos

The written exercises in the *Cuaderno de ejercicios escritos* practice and reinforce the vocabulary and structures presented in the main text. Each chapter offers a variety of exercises and activity types in a consistent chapter structure. Students and instructors can choose from the many activities in the *Cuaderno*:

- Crossword puzzles for practice of theme vocabulary through word definitions
- Grammar-specific exercises that practice language structures within a context
- Realia-based exercises for the purpose of further developing reading skills (accompanied by *Reading hints* in chapters P–4)
- Focused creative writing exercises based primarily on the cartoon characters Antonio Tucán, Miguelito, and Julia
- Chapter review through questions that relate to the students' lives
- Structures and vocabulary recycled throughout

Internet Discovery

At the end of each chapter in the *Cuaderno de ejercicios escritos* is an *Internet Discovery* section. The user-friendly activities in these sections were written specially for language students who are spending more time on the Internet searching for information and resources. This guide provides an inside look into materials readily available on the Internet such as online dictionaries, Spanish-grammar exercises, things to do, and so on. Because URLs are constantly changing, students access the websites for these activities by logging on to www.wiley.com/college/dawson and following the links there.

Manual de laboratorio

The *Manual de laboratorio* accompanies the lab recording program, which is available on audio CD and cassettes. The audio program supports learning through practice and reinforcement of the vocabulary and structures. Together, the audio program and lab manual offer:

- A highly effective visual component based on the vocabulary-related and structure-related illustrations from the text

- Guided listening exercises (students listen with a particular focus and respond in writing to the information presented) based on authentic realia and a variety of other materials
- Guided oral/aural exercises that reinforce the structures presented in the main text
- Personalized question exercises in the *Preguntas para usted* sections

The *Answer Key* to the written responses in the *Manual de laboratorio* is printed in the *Instructor's Resource Manual* and available as an electronic file on the Instructor's Resources section of the **Dicho y hecho** Book Companion Website @ www.wiley.com/college/dawson

Workbook Answer Key

The *Workbook Answer Key* at the end of the *Activities Manual* encourages students to monitor and evaluate their work. Answers are not provided for the realia-based reading exercises, the review questions at the end of each chapter, or creative writing activities. Thus, students are provided with a combination of controlled exercises that may be self-corrected and opportunities for self expression.

The **Dicho y hecho** classroom text with its ancillary workbook, lab manual, audio program, and web-extended components, offers a solid, comprehensive, and engaging program of language study.

WORKBOOK

Cuaderno de ejercicios escritos

Para empezar: Nuevos encuentros

Words of advice ...

To gain maximum benefit from these writing exercises:

a) Study the section in the textbook that corresponds to the exercise(s);

b) Try to complete the exercise(s) within each section with minimal reference to the text;

c) Consult the *Answer Key* at the back to *correct* your work, making corrections with a pen or pencil of a contrasting color. Corrections in a different color ink will stand out when you later review your work, helping you identify and focus on potential problem areas needing further study as you prepare for classroom practice and testing. Answers are not provided for reading, chapter review, or creative writing exercises. Apply what you have learned!

Así se dice
Nuevos encuentros

P-1. What would you say in the following situations?

1. You want to learn your instructor's name.

¿Cómo se llama?

2. You want to learn your classmate's name.

¿Cómo se llama?

3. You want to tell your name to a classmate.

Me llamo Ben.

4. You want to introduce your friend Octavio to the teacher.

Profesor/a... Te presento mi amigo Josh.

5. You want to introduce your friend Octavio to your classmate José.

José, *te presento mi amigo Octavio.*

6. You have just been introduced to a classmate. How do you respond?

Hola, ¿cómo esta?

7. Professor Linares from Granada, Spain, has just stated that she is pleased to meet you. How do you respond?

El gusto es mío

P-2. Write a question to inquire where the following people are from. Then write the response according to the information provided. Don't forget to use Spanish punctuation. (¿?)

Modelo: Elena / Colorado
¿De dónde es Elena?
Es de Colorado.

1. la profesora Guzmán / España

¿De dónde es la profesora Guzmán?

Es de España.

2. usted / Texas

¿De dónde es usted?

Soy de Texas.

3. tú / Arizona

¿De dónde es tú?
Es
Soy de Arizona

Estructuras

Subject pronouns and the verb *ser*

P-3. Indicate what pronouns you would use to talk . . .

1. about yourself _o/yo sb_____
2. about you and some friends _Nostra_____
3. to a good friend of yours _tú_____
4. in Spain, to several friends _Ellos_____
5. in Latin America, to several friends _ellos_____
6. about two female friends _ellas_____
7. to a stranger older than you _usted_____

P-4. Complete the descriptions with the correct form of the verb **ser**.

1. Nosotros ___Somos_____ estudiantes.
2. Yo ___Soy_____ responsable y puntual.
3. Marta y Camila ___Es_____ creativas y generosas.
4. Carlos ___Es_____ independiente y extrovertido.

P-5. Does your best friend fit the following description? Answer the questions affirmatively or negatively. Don't forget to use Spanish punctuation (¡ !) if you want to make your response more emphatic.

> **Modelo:**   ¿Es egoísta?
> **Sí, es egoísta.**   o   **¡No, no es egoísta!**

1. ¿Es pesimista? _No, no es pesmista._____
2. ¿Es inteligente? _Sí, es inteligente_____
3. ¿Es irresponsable? _¡No, No es irresponsable!_____
4. ¿Es sentimental? _Sí, es sentimental._____

P-6. What would you say in the following situations?

> **Modelo:** You want to greet Mrs. Gutiérrez. It is 10:00 A.M.
> **Buenos días, señora Gutiérrez.**

1. You want to greet Mr. Gutiérrez. It is 2:00 P.M.

   Buenas tardes, señor Gutiérrez.

2. You want to ask Mr. Gutiérrez how he is.

   ¿Cómo está usted?

3. You see your friend Lisa at a party and want to greet her.

   Buenas Noches Lisa

4. You want to ask Lisa how she is.

   ¿Cómo está?

5. You want to ask Lisa what's happening.

   ¿Que tal?

6. You leave the gathering and plan to see your friends again tomorrow.

   Hasta mañana

Así se dice

Expressions of courtesy

P-7. What would you say in the following situations?

1. You are dancing with a friend and accidentally step on his/her toe.

   Disuple

2. A friend gives you a birthday present. What do you say to him/her? How does he/she respond?

   Muchas Gracias , De nada

Copyright © 2004 John Wiley & Sons, Inc.

3. You want to pass by some people who are blocking the refreshment table.

Con permiso

4. You would like to ask a question and you want to get the professor's attention.

Perdón

Así se dice

Counting from 0–99 and exchanging telephone numbers

P-8. Do the following math problems. Spell out your answers.

1. 8 + 7 = _quince_

2. 15 + 12 = _vientisiete_

3. 25 + 35 = _sesenta_

4. 38 + 42 = _ochenta_

5. 50 – 4 = _cuarenta y seis_

6. 70 – 15 = _cincuenta y cinco_

7. 40 – 26 = _catorce_

8. 100 – 7 = _Noventa y tres_

P-9. First indicate your telephone number. Remember that in Spanish the digits of phone numbers are usually given in pairs: 4-86-05-72. Then write out your number.

5-40-46-43

Cinco - cuarenta - cuarenta y seis - cuarenta y tres

Así se dice

P-10. First fill in the missing days on the calendar. Then fill in the blanks to indicate Ana's schedule for the week.

lunes	martes	miércoles	jueves	viernes	sábado	domingo
clase de español	clase de historia gimnasio	clase de español	clase de historia	clase de español	fiesta de Sancho	concierto

1. Ana va (*goes*) a la clase de español __el__ ~~historia~~ lunes , el ~~gimnasio~~ miércola y el viernes .

2. Va a la clase de historia el martes y el jueves .

3. Va al gimnasio el martes .

4. Va a la fiesta de Sancho el sábado .

5. Va al concierto el domingo .

Así se dice

Indicating months, dates, and birthdays

P-11. Write the months that correspond to the given seasons in North America.

1. Los meses del invierno (*winter*) son diciembre, ~~enero~~ enero y febrero .

2. Los meses de la primavera son marzo, abril y mayo .

3. Los meses del verano son junio, julio y agosto .

4. Los meses del otoño son septiembre, noviembre y octubre .

P-12. Write out the following important dates on your yearly calendar. Note that in Spanish 3/9 (day/month) = September 3.

> **Modelo:** llegada (*arrival*) a la universidad (3/9)
> **el tres de septiembre**

1. cumpleaños de mi amiga Beatriz (8/10)

   el ocho de octubre

2. las vacaciones del Día de Acción de Gracias comienzan (*begin*) (21/11)

   el vientiuno de noviembre

3. las vacaciones entre (*between*) semestres comienzan (19/12)

   el diecinueve de diciembre

4. el cumpleaños de mi mamá o papá (?/?)

   el vientiocho de abril

5. mi cumpleaños (?/?)

   el sies de noviembre

6. el aniversario de tío Andrés y tía Julia (1/1)

   el primero de enero

7. las vacaciones de primavera comienzan (15/3)

   el catorce de marzo

8. la graduación (12/5)

   el doce de mayo

9. viaje (*trip*) a Cancún (13/7)

   el trece de junio

P-13. Read the following information on the origin of the name for each month.

Reading hints: When reading, you do not have to understand the meaning of every word. Find the words you understand and try to guess the meaning of other words by the context.

LOS MESES

enero: Del latín *januarius.* Para los romanos el mes del dios Jano.

febrero: En latín *februa* significa sacrificio, el último° mes del año. — *last*

marzo: En honor de Marte, el dios de la guerra°, el primer mes del año en el calendario romano. — *war*

abril: Del latín *aperire.* Mes consagrado a la diosa Venus.

mayo: Proviene de Maia, hija de Atlas, el gigante que sostenía al mundo°. — *world*

junio: Viene de Juno, diosa romana del matrimonio.

julio: En honor al emperador Julio César.

agosto: En honor al emperador Augusto.

septiembre, octubre, noviembre y diciembre: Están relacionados con la antigua posición en el calendario romano: séptimo°, octavo, noveno y décimo. — *seventh*

Palabra útil: dios *god*

From the description of each month, pick out one or two words that you recognize or can guess. Write the words and their English equivalents.

Modelo:
enero
latín = *Latin;* **romanos** = *Romans*

febrero: _Sacrificio - sacrifice_

marzo: _Marte - Mars_

abril: _del - from_

mayo: _Gigante - giant_

junio: _matrimonio - marriage_

julio: _*emperador- empeior*_ _____

agosto: _____

septiembre, octubre, noviembre, diciembre:

_____

_____

_____

Así se dice

Telling time

P-14. Write the time of day according to each clock.

A.M.   A.M.   P.M.   P.M.

¿Qué hora es?

1. ~~Es~~ *Son* las tres horas y media de la mañana.

2. Son las ocho y diez de la mañana

3. Es la una menos ~~diez~~ *cuatro* de la noche

4. Es medianoche menos diez

Así se dice

Nationalities of the Hispanic world

P-15. Write the nationality of the following persons.

> **Modelo:** Sonia es de Chile.
> **Es chilena.**

1. Javier es de México. _Es mexicano_
2. Tomás es de Ecuador. _Es ecuatoriano_
3. María Cristina es de España. _Es española_
4. Luisa es de Cuba. _Es cubano_
5. Carlos es de Costa Rica. _Es costarricense_
6. Mark es de los Estados Unidos. _Es estadounidense_
7. Carmen es de Puerto Rico. _Es puertorriqueña_
8. Luis es de Panamá. _Es panameño_
9. Mónica es de Venezuela. _Es venezolana_

General review

P-16. Answer the questions in complete sentences.

1. ¿Cómo se llama usted?

   Me llamo Be

2. ¿De dónde es usted?

   Soy de Athens, Georgia

3. ¿Cómo está usted?

   Muy bien. Un picito borracho

4. ¿Qué días va usted a la clase de español?

   Voy los ... _lunes, miércoles, y viernes_

Dicho y hecho: Cuaderno de ejercicios escritos

5. ¿Cuándo es su (*your*) cumpleaños?

Mi... _cumpleaños es el seis de noviembre_

6. Disculpe. ¿Qué hora es?

Son las ocho menos catorce de la tarde

P-17. Antonio Tucán is rather infatuated with Julia Quetzal. Write a dialog in which he:

- introduces himself and asks her name,
- asks where she is from,
- asks when her birthday is, and then
- says good-bye.

ANTONIO:	Hola. Me llamo Antonio. ¿Cómo te llamas?
JULIA:	Hola. Me llamo Julia
ANTONIO:	Bien. ¿De dónde es usted?
JULIA:	Soy de México.
ANTONIO:	¿Cuándo es su cumpleaños?
JULIA:	Es el primero de enero
ANTONIO:	Adiós!
JULIA:	Tú también

Remember to check your answers with those given in the *Answer Key* at the end of the workbook and make all necessary corrections with a pen or pencil of a different color.

Internet Discovery

Introduction to the Wiley Language Resource Center

You are undoubtedly familiar with many aspects of the World Wide Web. You have surfed, e-mailed, chatted, bought something, gathered information for reports, and most likely have played a game or two. But did you ever think about how to use the Web to become a better learner of Spanish?

That's just what we have done. Visit the **Dicho y hecho** Book Companion Website @ www.wiley.com/college/dawson and follow the link to the online Wiley *Language Resource Center*. Have a look around. The website was designed as a resource for language learners and teachers. We have gathered into one site many different tools that can help you learn Spanish. And don't forget to *bookmark* (Netscape) the site or insert in *favorites* (Internet Explorer) because we're sure you'll want to keep coming back!

1. Name two sites that will help you learn to surf the net.

   a) _____

   b) _____

2. Which site would you use to find the definition of the Spanish word *espejuelos* or the Swahili word for *cloudy*?

   _____

3. Name two search engines in Spanish. Do they cover the same topics? The same regions?

   a) _____

   b) _____

4. What are two skills you can learn by taking a web tutorial?

   a) _____

   b) _____

5. Explore one of the modern language websites listed under *Exhibits*. Name two things you found helpful at this website.

   a) _____

   b) _____

CAPÍTULO **1**

La vida universitaria

Así se dice

La vida universitaria

1-1. **Crossword puzzle.** What words do you associate with the following references?

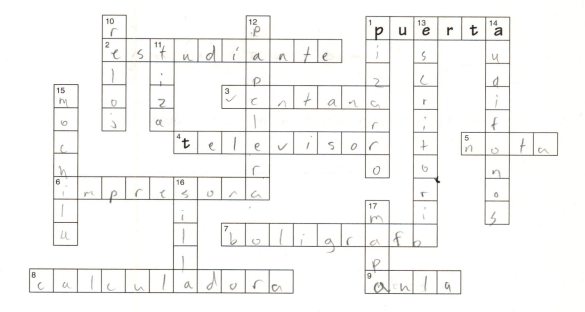

Horizontal

1. ventana
2. profesor
3. puerta
4. pantalla
5. el examen
6. imprimir
7. lápiz
8. matemáticas/ números
9. estudiantes/ profesor/ pizarra ...

Vertical

1. tiza
10. hora/ minutos
11. borrador
12. hojas de papel
13. pupitre
14. CD/ escuchar
15. libros/ cuadernos/ lápices ...
16. mesa
17. geografía/ Sudamérica/ México/ Europa

1-2. For each numbered word or expression in the following exercise, write a word from the given list that you associate with it.

> la composición   el mensaje   el sitio web   el teclado ✓
> el cuaderno ✓   el ratón   la tarea ✓   la red ✓

1. ___el mensaje___ el correo electrónico

2. ___la composición___ el trabajo escrito

3. ___la red___ buscar información

4. ___el cuaderno___ las hojas de papel

5. ___el sitio web___ la página web

6. ___el teclado___ las letras a, b, c, ...

7. ___el ratón___ la pantalla, *click*

8. ___la tarea___ el vocabulario/ los verbos/ estudiar

1-3. Read the following course description.

Reading hints: *When reading the course description, first examine the words that you already know and then the cognates, words that resemble English. Can you guess the meaning of the following words?*

signos = ___sign___

iniciación = _____

certificado = ___certificate___

Guess the meaning of other words by their context, i.e., the words that surround them. What do the following words mean?

matrícula = ___cost___

niveles = ___novice___

horario = ___hour___

UNIVERSIDAD DE SAN ISIDRO
CURSOS DE LENGUAJE DE SIGNOS
NIVELES INICIACIÓN, MEDIO Y SUPERIOR
(50 HORAS, 3 CRÉDITOS)

Cursos 101, 2, 3

Director: **Rafael Ángel Sáenz**

Profesorado: **Facultad° de Lingüística y Filología**

Duración del curso: **50 horas**

Certificación: **Certificado de aptitud° o de asistencia°**

Número máximo de estudiantes por curso y grupo: **25**

Matrícula: **2.000 pesos**

Calendario de clases:

- Nivel iniciación: del 6 de septiembre al 19 de noviembre.
  Horario de clases: lunes y miércoles de 17:30 a 20:30
- Niveles medio y superior: del 4 de septiembre al 20 de noviembre.
  Horario de clases: martes y jueves de 17:30 a 20:30

Inscripciones previas:
Del 10 de agosto hasta el 2 de septiembre (de 9 a 14 horas)
en la Facultad de Filología y Lingüística Españolas.

Edificio 12

Tel.: 919-41-02

Fax: 919-35-54

E-mail: **fyling@sanisidro.edu**

Department

proficiency/ completion

1. ¿Cómo se llama la universidad?

   Universidad de San Isidro

2. ¿Cuál es la dirección electrónica de la Facultad de Filología y Lingüística?

   fyling@sanisidro.edu

3. ¿Cuál es el horario de clases del nivel de iniciación?

   17:30 - 20:30

4. ¿Cuál es el horario de clases de los niveles medio y superior?

   17:30 - 20:30

5. Hay dos clases de certificados. ¿Cuáles son?

   certificado de aptitud y de asistencia

1-4. Tell whether you have or do not have the following in your classroom. Use **hay** (*there is/are*).

> **Modelo:** ventanas
> **Sí, hay ventanas.** *o* **No, no hay ventanas.**

videograbadora _No, no hay la videograbadora_

televisor _No, no hay el televisor_

pantalla/s _Si, hay una pantalla_

pizarra/s _Si, hay una pizarra_

un escritorio _Si, hay escritorio_

pupitres _Si, hay pupitres_

un mapa _No, hay un mapa_

computadora/s _No, hay una computadora_

Así se dice

¿Qué dicen los profesores? ¿Y los estudiantes?

1-5. Your professor gives the following commands. Tell in English what he/she is asking you to do.

> **Modelo:** Estudie el vocabulario.
> **Study the vocabulary.**

1. Traduzca la oración. _Translate the sentence_

2. Trabaje con tres compañeros. _Work w/ 3 people_

3. Repita los verbos. _Repeat the verbs_

4. Cierre la ventana, por favor. _Close the window, please_

5. Escriba las palabras en el cuaderno. _Write the words in the notebook_

Copyright © 2004 John Wiley & Sons, Inc.

Dicho y hecho: Cuaderno de ejercicios escritos

1-6. Using Spanish sentences/questions, ask your professor . . .

1. what the word **bolígrafo** means

   ¿Qué significa "bolígrafo" ?

2. to please repeat the word

   Repita la palabra por favor

3. what page the exercise is on

   ¿En Qué página estamos?

4. how you say *cat* in Spanish

   ¿Qué se dice "cat" en español?

5. to please read more slowly

   Más despacio, por favor

Estructuras

1. Identifying gender and number: Nouns and definite and indefinite articles

1-7. Complete the following sentences.

¿el, la, los *o* **las?**

1. Los estudiantes deben (*should*) completar:

   _la_ tarea   _el_ examen   _la_ oraciones

   los ejercicios   _las_ respuestas   _la_ prueba

   _la_ composición

¿un, una, unos *o* **unas?**

2. Para las clases los estudiantes necesitan comprar (*need to buy*):

   unos cuadernos   _una_ mochila   _unos_ mapas

   _un_ lápiz   _una_ calculadora   _un_ diccionario

   _un_ bolígrafo

1-8. Change the following nouns to the plural.

> **Modelo:** El profesor tiene (*has*)...
> el libro   **los libros**

El profesor tiene...

1. el examen   _los examens_

2. el lápiz   _los lápizs_

3. la nota   _las notas_

4. la respuesta   _las respuestas_

5. el cuaderno   _los cuadernos_

6. la composición   _las composciciónes_

Estructuras

2. Talking about going places: *Ir + a + destination*

1-9. Tell where you and your friends are going this afternoon. *Hint*: Subject pronouns are frequently omitted (see #1, 4, and 5), unless you want to emphasize, clarify, or contrast.

> **Modelo:** yo / el teatro
> **Voy al teatro.**

1. ella / la clase de español

   Va a la clase de español

2. Carlos y Teresa / el centro estudiantil

   Van al centro

3. Lisa y yo / la librería

   Vamos a la librería

4. tú / la oficina del profesor

   Vas la oficina

5. ustedes / el gimnasio

   Van al gimnasio

Dicho y hecho: Cuaderno de ejercicios escritos

1-10. According to her schedule, tell which days and at what time Lidia goes to her classes. Spell out the times.

HORA	LUNES	MARTES	MIÉRCOLES	JUEVES	VIERNES
9:45		contabilidad		contabilidad	
10:25	historia		historia		historia
11:15		química		química	
1:30		lab. química			
2:35	economía		economía		

Modelo: contabilidad

Va a la clase de contabilidad los martes y los jueves a las diez menos cuarto (nueve y cuarenta y cinco) de la mañana.

1. historia *Va a la clase de historia los lunes, los miércoles, y los viernes a las diez y vienticinco de la mañana.*

2. química *va a la clase de química los martes, y los jueves a las once y cuatro de la mañana*

3. laboratorio de química *va a la laboratorio de química los martes a la uno y media de la tarde*

4. economía *va a la clase economía los lunes y los miércoles a los tres menos vienticinco de la tarde*

1-11. At a university in Puerto Rico, you observe certain events of interest on a student activities board. Indicate at what time each event takes place. Answer in complete sentences.

OBRA DE TEATRO
Don Juan
viernes 8:30

CONCIERTO
MOZART
sábado 9:00

Baile Flamenco
domingo 7:15

1. ¿A qué hora es la obra de teatro?

Es a los ocho y medio de la noche

2. ¿A qué hora es el concierto?

Es a los nueve

3. ¿A qué hora es el baile flamenco?

Es a los siete de la mañana

Estructuras

3. Talking about actions in the present: Regular *-ar* verbs

1-12. Using yes/no answers, indicate **a**) whether students in general do or do not do the following activities and **b**) whether you do or do not do the same things.

Modelo: *estudiar* en la biblioteca
   a) Sí, los estudiantes *estudian* en la biblioteca.   *o*
      No, los estudiantes no *estudian* en la biblioteca
   b) Yo (no) *estudio* en la biblioteca.

1. *estudiar* los fines de semana

   a) _No, los estudiantes no estudian los fines de semana_

   b) _No estudio dos fines de semana_

2. *desayunar* todas las mañanas

   a) _desayunan_

   b) _desayuno_

3. *trabajar* por la noche

   a) _trabajan_

   b) _trabajo_

4. *tomar* apuntes en todas las clases

   a) _toman_

   b) _tomo_

Copyright © 2004 John Wiley & Sons, Inc.

5. *navegar* por la red /*mandar* mensajes electrónicos

   a) _navegan   mandan_____

   b) _navego   mando_____

1-13. What do you and your friends normally do?

Normalmente...

1. ¿Cenan ustedes en la cafetería, en su casa o en un restaurante?

   (Nosotros) _cenamos en mi casa_____

2. ¿Compran sus cuadernos, lápices y bolígrafos en la librería de la universidad o en el centro?

   _Compro los en el centro._____

3. ¿Estudian en la biblioteca, en la residencia estudiantil o en casa?

   _Estudio_____

4. ¿Llegan a clase temprano?

   _llego_____

1-14. Ask your friend Lidia the following questions.

> **Modelo:** trabajar todos los días
> **¿Trabajas todos los días?**

1. escuchar discos compactos con frecuencia

   _____

2. usar las computadoras del laboratorio

   _____

3. tomar buenos apuntes en tus clases

   _____

4. sacar buenas notas

   _____

Así se dice

1-15. Use appropriate words to tell when the following activities are taking place.

> **Modelo:**   Mis amigos no llegan hoy.
> Llegan _____ **mañana** _____ .

1. No voy a estudiar por la tarde. Voy a estudiar _____.

2. ¡Pobre Miguel! Necesita trabajar todo el día y toda _____.

3. Teresa va a clases por la mañana y _____.

4. No llego tarde a clase. Llego _____.

5. Vamos a practicar español todos _____.

6. No van a fiestas durante la semana. Van a fiestas _____.

Estructuras

4. Talking about actions in the present: Regular -er and -ir verbs; *hacer* and *salir*

1-16. What actions do you associate with the following places and things? There are several possible correct answers.

> **Modelo:**   la biblioteca
> _____ **estudiar** _____

1. la cafetería _____

2. la residencia estudiantil _____

3. la librería _____

4. las clases _____

5. el bolígrafo _____

6. el libro _____

7. el teléfono _____

8. la impresora _____

9. los verbos, el vocabulario _____

10. una Pepsi _____

1-17. Where and when do you do the following? Please use complete sentences.

> **Modelo:** ¿Dónde trabajas?
> **Trabajo en la oficina del profesor Carballo.**

1. ¿Dónde vives?

_____

2. ¿Cuándo haces la tarea?

_____

3. ¿Dónde comes?

_____

4. ¿Cuándo sales con tus amigos? (**...con mis amigos...**)

_____

1-18. Do you and your friends do the following?

1. ¿Asisten ustedes a muchos conciertos?

_____

2. ¿Comen ustedes en restaurantes con frecuencia?

_____

3. ¿Beben ustedes cerveza (*beer*)?

_____

4. ¿Van ustedes al centro estudiantil con frecuencia?

_____

5. ¿Viven ustedes en las residencias estudiantiles de la universidad?

_____

General review

1-19. Answer the questions with complete sentences.

1. ¿Cuáles (*What*) son sus clases favoritas? **Mis...**

_____

2. ¿Qué cosas (*things*) hay en el aula de su clase de español?

_____

3. ¿Qué cosas hay en el laboratorio?

_____

4. ¿Cuáles son sus lugares (*places*) favoritos en la universidad?

_____

5. ¿Adónde va usted los viernes por la noche?

_____

6. ¿Qué hace usted normalmente entre semana (de lunes a viernes)? Mencione cuatro o cinco actividades.

_____

_____

1-20. Describe the scene.
Tell:
- what time it is;
- how many students there are;
- what else you see (**Hay...**);
- what class you think it is;
- what students do in this class. Use your imagination!

Palabra útil: calendario

Copyright © 2004 John Wiley & Sons, Inc.

_____

_____

_____

_____

_____

_____

_____

Check your answers with those given in the *Answer Key* and make all necessary corrections with a pen or pencil of a different color.

Internet Discovery

La Universidad Complutense

Founded in Alcalá de Henares by King Sancho IV of Castille, the *Universidad Complutense* in Madrid dates back to the thirteenth century. In 1836, under Queen Isabel II, the university was moved to Madrid, where it was given the name of Universidad Central. Later, it was given its original name back.

Go to the ***Dicho y hecho*** Book Companion Website @ www.wiley.com/college/dawson and follow the link to the university's official website. Although there is much information available on the site in English, try to use your current Spanish vocabulary and the many cognates to navigate the site in Spanish.

1. Go to the library and look in its general catalog. Look under the title *Don Quijote*. List the titles of two books published in 1999.

   a) _____

   b) _____

2. Return to the home page. Find the names of three colleges/departments of the university.

   a) _____

   b) _____

   c) _____

3. Does the university permit students to matriculate online?

   _____

4. There are a number of pictures of the university and information about a program for international students. Would you be interested in attending such a program? Why?

   _____

CAPÍTULO 2

Así es mi familia

Así se dice

Así es mi familia

2-1. Crucigrama

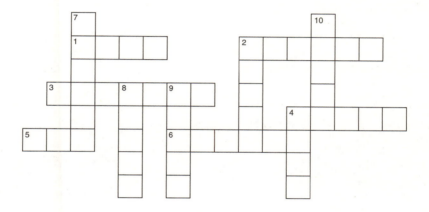

Horizontal

1. La recién nacida (*newborn*) es la...

2. Mamá y papá son mis...

3. El otro (*other*) hijo de mis padres es mi...

4. El vehículo de la familia es el...

5. La hermana de mi padre es mi...

6. Él es el esposo y ella es la...

Vertical

2. Un animal favorito de la familia es el...

4. La familia vive en una...

7. La madre de mi (*of my*) madre es mi...

8. Tienen un bebé. Él es el padre. Ella es la...

9. La hija de la hija de la abuela es la...

10. La hija de mi tío es mi...

Así se dice

2-2. Complete the following sentences with appropriate words from this section.

1. Mi madre es divorciada y ahora tiene otro esposo. Es mi

_____.

2. Mi padrastro tiene un hijo y una hija de un matrimonio anterior. Son mis

_____.

3. La esposa de mi hermano es mi _____.

4. El hijo de mi hermano es mi _____.

5. La abuela de mi madre es mi _____.

6. De todos mis amigos, Jaime es mi _____ amigo.

Estructuras

1. Indicating possession and telling age: The verb *tener* and *tener... años*

2-3. Complete the following sentences with forms of the verb **tener**.

1. (Yo) _____ una familia muy grande.

2. Mónica _____ dos hermanos.

3. ¿Cuántos primos _____ (tú)?

4. Mis hermanos mayores _____ un perro.

5. (Nosotras) _____ dos gatos.

2-4. Tell how old the following people are. Spell out the numbers.

1.    Mi hermana _tiene..._ _____.

2.    Mi madre _____.

3.    Mi abuelo _____.

4.    Mi bisabuelo _____.

5.    Yo _____.

Así se dice

Relaciones personales

2-5. Write sentences combining the appropriate verb in the chart with the cues provided. *Hint*: Do not forget the personal **a** to signal that the direct object of the verb refers to a specific person.

| amar | besar y abrazar | cuidar | llamar | visitar |

Modelo: La familia / los abuelos / los domingos por la tarde
La familia visita a los abuelos los domingos por la tarde.

1. Noé y Lucía / sus (*their*) nietos / cuando los padres van al trabajo

_____

2. Julia / su bebé / frecuentemente

_____

3. Andrés / sus hijos / con todo el corazón (*heart*)

_____

4. Juanito y Elena / sus primos / en ocasiones especiales

_____

5. El tío Antonio / su sobrino Juanito / y hablan por teléfono con frecuencia

_____

2-6. Write sentences with the verb **buscar**. *Hint*: Pay attention to the personal **a** and remember that **a + el = al**.

Modelo: Luisa / los libros
Luisa busca los libros.

1. Carmen / el profesor

_____

2. El profesor / los estudiantes

_____

3. Los estudiantes / el aula

_____

Estructuras

2. Indicating possession: Possessive adjectives and possession with *de*

A. Possessive adjectives

2-7. You and your friends have acquired all you need for each class. Complete the sentences with the correct possessive adjectives.

> **Modelo:** Voy a la clase de biología.
> Tengo __**mi**__ microscopio.

1. Voy a la clase de filosofía. Tengo _____ libro sobre Kant y Nietzsche.

2. Alfonso va a la clase de computación. Tiene _____ disquetes para la computadora.

3. Octavio va a la clase de psicología. Tiene _____ libro sobre Freud.

4. ¿Vas a la clase de música? ¿Tienes _____ violín? ¿Y _____ libros de música clásica?

5. Vamos a la clase de español. Tenemos _____ libros y cuadernos.

6. Mi hermano y yo vamos a la clase de física. Tenemos _____ proyecto.

B. Indicating possession: possession with *de*

2-8. Ask and tell who owns the following objects. *Hint:* **de + el = del.**

> **Modelo:** el video / Natalia
> **¿De quién es el video? Es de Natalia.**

1. los casetes / el profesor

   _____

2. los discos compactos / la profesora

   _____

3. el bolígrafo / Alberto

   _____

4. los cuadernos / los estudiantes

_____

5. la casa / el rector (*president*) de la universidad

_____

Estructuras

3. Describing people and things: Descriptive adjectives

2-9. Describe the following people and things. Use adjectives with opposite meanings.

Modelo:	Simón no es gordo.
	Es flaco o delgado.

1. Mis amigos no son feos. _____

2. No soy pobre. _____

3. La profesora no es tonta. _____

4. Mi hermana no es perezosa. _____

5. Mi madre no es baja. _____

6. Mis primos no son rubios. _____

7. Mis amigas no son débiles. _____

8. Mis amigos no son aburridos. _____

9. Mi médico no es antipático. _____

10. Mis profesores no son jóvenes. _____

11. Las aulas no son grandes. _____

12. Mis clases no son difíciles. _____

13. Mis profesores no son malos. _____

2-10. Describe yourself using as many adjectives as possible. Be careful with adjective agreement!

Yo...

_____

_____

_____

_____

_____

Así se dice
Algunas profesiones

2-11. What profession do you associate with the words in the exercise?

> **Modelo:**   computadoras: **el programador, la programadora**

1. hospital: _____, _____ o

   _____, _____

2. una compañía grande: _____, _____

3. números, calculadora: _____, _____

4. criminales, inocentes: _____, _____

5. la escuela (*school*) primaria: _____,

   _____

Estructuras

4. Indicating location and describing conditions: The verb *estar*

A. Indicating location of people, places, and things

2-12. Tell where the following people are. Include the correct form of **estar** and a location.

> **Modelo:** Mis amigos y yo ___**estamos en la Florida**___.

1. Yo _____

2. Mi mejor amigo/a _____

3. Mis abuelos/primos _____

4. Mi familia _____

5. ¿Dónde _____ (tú)? ¿En _____?

2-13. Where are you? Answer in complete sentences using the following words as clues.

> **Modelo:** los animales
> **Estamos en el campo.**

1. los taxis, el tráfico _____

2. los esquíes (*skis*) _____

3. el mar (*sea*) _____

4. los pupitres _____

5. la oficina, las computadoras _____

6. el sofá, el gato _____

B. Describing conditions

2-14. Use a form of **estar** to indicate how the following people feel.

> **Modelo:** Anita recibe un cheque de $500.
> **Está contenta.**

1. Camila y Natalia pasaron (*spent*) toda la noche estudiando en la biblioteca.

_____

2. Hay un examen muy importante y muy difícil en la clase de cálculo.

Los estudiantes... _____

3. Hay muchos, muchos errores en los exámenes de los estudiantes.

¡La profesora... _____!

4. Los estudiantes no están contentos hoy. Las notas de los exámenes son malas.

_____

5. La voz del profesor de historia es muy monótona.

Los estudiantes... _____

6. Los estudiantes tienen clases por la mañana, actividades y clases por la tarde, y trabajo y tarea por la noche.

_____

7. Simón va al hospital en una ambulancia.

_____

2-15. Read the advertisement and answer the questions.

Reading hints: Remember that when reading, you do not need to understand the meaning of every word. Find the words that you recognize and try to guess the meaning of other words by context.

"No está mal... para tener 22 años."

Soy enfermera. Gano un buen salario y estoy contenta conmigo misma. Mi profesión ha hecho mi vida muy emocionante. No está mal para tener 22 años. ¡Me encanta ser enfermera!

Llama al **1-800-962-6877** para recibir más información sobre las oportunidades, buenos salarios, programas de estudio de 2 o 4 años y las diferentes opciones de trabajo que te ofrece la carrera de Enfermería.

1. ¿Puede usted adivinar (*Can you guess*) lo que significan las siguientes expresiones y palabras en inglés?

español	inglés
gano un buen salario =	_____
estoy contenta conmigo misma =	_____
¡Me encanta ser enfermera! =	_____
oportunidades =	_____
opciones =	_____

2. ¿Cuántos años tiene la señorita?

_____

3. ¿Cuál es su profesión? ¿Son los salarios buenos o malos?

_____

4. ¿Cómo está ella?

_____

5. ¿Cómo es su vida? ¿Aburrida o emocionante?

_____

6. ¿De cuántos años son los programas de estudio?

_____

2-16. Anita, Lidia, Elena, and Pablo are friends. They send each other lots of e-mails. Read Lidia's message and then describe the people involved in the story.
Hint: Keep in mind the uses of **ser** vs. **estar.**

De: Lidia@ole.com
Para: Anita@ole.com, Elena@ole.com, Pablo@ole.com
CC:
Asunto: Mi amiga Adelina

Anita, Elena y Pablo:
¡Saludos! Estoy tan contenta. ¡Mi amiga Adelina llega mañana a las dos de la tarde! Es mexicana, pero vive en Tucson porque es estudiante de la Universidad de Arizona. Tiene una semana de vacaciones y ahora está en Washington. ¡Es super simpática y muy divertida! Mañana por la noche vamos a cenar en un restaurante. Si (*if*) no están ocupados, ¿quieren cenar con nosotros? Los invito.

Abrazos,
Lidia

Copyright © 2004 John Wiley & Sons, Inc.

Dicho y hecho: Cuaderno de ejercicios escritos

ser

1. (origen) Adelina... _____

2. (identidad) Adelina... _____

3. (características) Adelina... _____

estar

4. (lugar) Ahora, Adelina... _____

5. (condición) Lidia... _____

6. (condición) Los amigos de Lidia posiblemente _____

2-17. Talk about Eva. Complete the sentences with forms of **ser** or **estar** as appropriate.

1. Eva _____ en la universidad.

2. _____ de México.

3. El padre de Eva _____ contador y su madre _____ abogada.

4. Los padres de Eva _____ en Los Ángeles.

5. Eva _____ muy amable.

6. _____ estudiante de medicina.

7. _____ alta y morena.

8. Hoy, Eva _____ cansada.

9. Estudia mucho. No _____ perezosa.

10. _____ preocupada porque tiene un examen importante mañana.

General review

2-18. Conteste las preguntas con oraciones completas.

1. ¿Cuántos años tiene usted?

_____

2. ¿Cuántos años tiene su madre/padre? ¿Y su abuelo/a?

_____

3. ¿Tiene usted hermanos o hermanas? ¿Cuántos años tienen?

_____

4. ¿Cómo es su madre/padre/esposo/esposa/novio/novia?

_____

5. ¿Cómo es la casa de su familia?

_____

6. ¿Está su casa en el campo o en la ciudad?

_____

7. ¿Cómo son los estudiantes de la clase de español?

_____

8. En este (*this*) momento, ¿está usted cansado/a? ¿Por qué?

_____

2-19. Describe the couple in the photograph. Answer the following questions:

- ¿Quiénes son?
- ¿Cómo es él? ¿Y ella? (años, personalidad, características personales, etc.)
- ¿Cómo está él en este momento (probablemente)? ¿Y ella?
- ¿Dónde están ellos en este momento (probablemente)?

Copyright © 2004 John Wiley & Sons, Inc.

_____

_____

_____

_____

_____

_____

Hint: *After you complete your work, check for the correct usage of* **ser** *and* **estar.** *Also check for the correct agreement of the adjectives and nouns.*

Check your answers with those given in the *Answer Key* at the end of the workbook and make all necessary corrections with a pen or pencil of a different color.

Internet Discovery

Your Dictionary

How many times have you been up late studying, the library is closed, and you have found yourself in need of a dictionary? Professor Beard at Bucknell University has created an award-winning site, gathering dictionaries from every language imaginable into one easy-to-use page.

The *Your Dictionary* website is a wealth of information on almost 300 languages around the world. Here you can access definitions of words, synonyms, glossaries, and translations of words, while at the same time finding out about language courses and purchasing online translators, foreign keyboards, and more.

1. Go to the ***Dicho y hecho*** Book Companion Website @ www.wiley.com/college/dawson and follow the link to the *Your Dictionary* website. Try out some of this website's capabilities. Do a quick search for the English word *quixotic*. What does the word mean? Where does the word come from?

    _____

    _____

2. What is the Spanish for *house*? List three possibilities.

    a) _____

    b) _____

    c) _____

3. Click on the Spanish word of the day. What is it? Give its English equivalent.

    _____

    _____

4. Go back to the main page. What dictionary would you use to find out how to say *web page* in Spanish? How do you say it?

    _____

¡A la mesa!

Así se dice

¡A la mesa!

3-1. Crucigrama

Horizontal

1. Una fruta muy popular en la Florida.

2. Una fruta pequeña que asociamos con George Washington.

3. Una fruta muy grande que asociamos con los picnics.

4. Las viñas (*vineyards*) de Napa Valley, California producen esta fruta.

5. Una fruta que usamos para hacer limonada.

Vertical

6. Un sabor (*flavor*) favorito de helado (*ice cream*) es de esta fruta pequeña.

7. Un pastel (*pie*) muy típico de los Estados Unidos se hace con esta fruta.

8. "Chiquita" es una marca (*brand*) famosa de esta fruta.

9. Una fruta muy popular en el estado de Georgia.

10. Una fruta muy típica de Hawaii.

3-2. Imagine that you are organizing a dinner menu for the entire week. Choose from each column according to your preference. The idea is to come up with a varied list.

1	2	3
jamón	arroz	guisantes
pollo	papas	tomate
bistec	frijoles	maíz
chuletas de cerdo	pasta	zanahorias
langosta	pan	bróculi
camarones	ensalada	
pescado		

Modelo: El lunes: **chuletas de cerdo, papas, ensalada**

1. El martes: _____

2. El miércoles: _____

3. El jueves: _____

4. El viernes: _____

3-3. Read the article and study the drawing. Then answer the questions.

Reading hints: First, circle the cognates in the article—words that look the same and have similar meanings in both English and Spanish. Then guess the meaning of words related to the pyramid by studying the drawings.

1. Seis palabras del artículo que son muy similares al inglés son: _____

_____ _____ _____ _____ _____.

2. Estudie la pirámide. ¿Qué significan las siguientes palabras en inglés?

leche = _____ quesos = _____ panes = _____

3. ¿De qué grupos se obtienen los carbohidratos?

_____

4. ¿En qué grupo se hallan (*are found*) las proteínas?

_____

5. En su opinión, ¿qué grupos tienen comida con mucha fibra?

_____

LA PIRÁMIDE DEL BIENESTAR

Guía diaria para elegir los alimentos más saludables

Grasas, aceites y dulces

Leche, yogur y quesos

Carnes, pollos, pescados, frijoles, huevos y nueces

Vegetales

Frutas

Panes, cereales, arroz y pastas

Un modo fácil de recordar qué alimentos debe comer diariamente para conservar su salud, es fijarse en esta pirámide dividida en cuatro. Una dieta balanceada se logra al coordinar estos cuatro grupos de comidas.

Por ejemplo, debe obtener los carbohidratos del grupo del pan, los cereales, el arroz, etc., así como también del grupo de los vegetales y frutas. Las proteínas se hallan en el grupo de la carne, el pollo, etc., que incluye también el de la leche. Ingiera porciones más chicas de éstos.

Fíjese que las cantidades se reducen a medida que asciende la pirámide. Los aceites etc., que están en la punta, son los que menos debe comer. Si con este régimen nutritivo se acostumbra a tomar 8 vasos diarios de agua y si hace ejercicio regularmente... tendrá salud y energía como para correr en un maratón.

Palabras útiles: grasas/aceites *fats;* dulces *sweets.*

6. Según la pirámide, ¿qué grupo es el más (*the most*) nutritivo? ¿Y el menos?

_____

Estructuras

1. Expressing likes and dislikes: The verb *gustar*

3-4. Anita leaves a note for her friend Lidia regarding groceries. Read the following note and then answer the questions.

> Lidia:
>
> Por favor, si vas al supermercado esta tarde, necesitamos:
> Para mí, mariscos y chorizo para una paella que voy a hacer.
> Para Pablo, una pizza de pepperoni y una botella grande de Coca-Cola.
> Para Elena, peras, manzanas y un kilo de uvas. Es su dieta vegetariana.
> Nos vemos esta noche.
>
> Un millón de gracias,
> Anita

1. ¿Qué va a hacer Anita? ¿Qué platillo (*dish*) va a preparar? ¿Le gustan los mariscos?

   _____

2. ¿Qué tipo de pizza le gusta a Pablo? ¿Y qué refresco prefiere?

   _____

3. Según este (*this*) mensaje, ¿les gustan a Anita y a Pablo las frutas? ¿Y a Elena?

   _____

   _____

Pregunta personal:

4. ¿Qué tipo de comida le gusta a usted comprar en el supermercado?

   _____

3-5. Combine the following words to tell what you and your family like and do not like to eat.

> **Modelo:** yo / jamón
> **A mí (no) me gusta el jamón.**

1. mis hermanos / chuletas de cerdo.

_____

2. Carlos / pollo

_____

3. yo / frutas

_____

4. mi papá / papas con carne de res

_____

Estructuras

2. Talking about actions, desires, and preferences in the present: Stem-changing verbs

3-6. Complete each question by selecting the appropriate verb from the chart and filling in the blank. Then answer the questions.

> almuerzas   duermes   entiendes   puedes   prefieres   sirven

1. ¿ _Prefieres_ la clase de español o la clase de matemáticas?

2. ¿_____ ocho horas todas las noches?

3. ¿_____ estudiar toda la noche sin dormir?

4. ¿_____ al mediodía?

5. ¿_____ platos vegetarianos en la cafetería?

6. ¿_____ todo lo que (all that) dice (says) tu profesor/a de español?

1. _____

2. _____

3. _____

4. _____

5. _____

6. _____

3-7. Use the cues provided to ask questions to two of your friends. Use the **ustedes** form in the questions. Answer the questions as well.

> **Modelo:** normalmente, / cuántas horas / dormir / todas las noches
> **Normalmente, ¿cuántas horas duermen ustedes todas las noches?**
> **Dormimos siete horas.**

1. dónde / almorzar

(pregunta) _____

(respuesta) _____

2. en los restaurantes, / qué comida / pedir / con frecuencia

_____

_____

3. qué bebidas / preferir

_____

_____

4. adónde / querer ir / esta noche

_____

_____

5. cuándo / poder salir

_____

_____

Dicho y hecho: Cuaderno de ejercicios escritos

Así se dice

Más comidas y las bebidas

3-8. Give the word that corresponds to the definition.

1. La comida principal de la mañana es el _____.

2. La comida principal del mediodía es el _____.

3. La comida principal de la noche es la _____.

4. La combinación de tomate, lechuga y cebollas normalmente es una

_____ .

5. En la ensalada usamos aceite y _____.

6. Frecuentemente comemos hamburguesas con papas

_____.

7. Los huevos necesitan sal y _____.

8. El pan tostado necesita mantequilla y _____.

9. Tomamos el café con crema y _____.

10. En una comida elegante muchas personas beben _____.

11. El té con hielo no está caliente. Está _____.

12. La leche, el café y el jugo son _____.

13. El helado, la torta y el pastel son _____.

3-9. List some of your favorite foods and beverages.

1. Mi desayuno favorito

para comer: _____

para beber: _____

2. Mi almuerzo favorito

para comer: _____

para beber: _____

3. Mi cena favorita

para comer: _____

para beber: _____

3-10. The ice cream parlor Coromoto in Mérida, Venezuela, offers more than 400 flavors from which to pick. Look at the flavors and then answer the questions.

Sabores de fruta	Sabores de legumbres, mariscos y más	Otros sabores deliciosos
cho-naranaja	ajo	caramelo
fresa-coco	arroz con coco	cho-menta
fresa con naranja	arroz con queso	choco-café
manzana	camarones al vino	granola
melón	espárragos	ron-coco
naranja-piña	espinacas	siete cereales
pera	mango con arroz	soya
piña-coco	tomate	tuti fruti
piña colada	zanahoria con melón	
uva	zanahoria con naranja	

1. De los sabores de fruta, ¿cuáles prefiere usted? Escoja (*Choose*) dos:

_____ y _____.

2. ¿Y de los sabores de legumbres, mariscos y más? _____ y

_____ ¿Y de los otros sabores deliciosos?

_____ y _____.

3. ¿Qué sabores un poco diferentes quiere probar (*taste*)? Seleccione cuatro:

_____, _____,

_____ y _____.

4. De todos los sabores, ¿cuál quiere comprar? _____

Copyright © 2004 John Wiley & Sons, Inc.

Así se dice

¡Tengo mucha hambre!

3-11. You are with your Hispanic friend Francisco.

1. Ask your friend Francisco if he is hungry.

Francisco,... _____

2. Ask him if he wants a sandwich and also soup.

_____

3. Tell your friend that you are very thirsty and want another drink.

_____

Estructuras

3. Counting from 100 and identifying the year

3-12. Imagine that you are in El Supermercado MásXMenos in Alajuela, Costa Rica, and you are considering the specials. Indicate how much (in Costa Rican **colones**) you have to pay for each selection you make.

Queso San Carlos ₡1.195 kg	**Pan integral Chorotega** ₡545	**Refrescos La casera** ₡725 2 litros
Cereales Coco-Rico ₡330 430 grs	**Arroz Guanacaste** ₡259 kg	**Pizzas frescas Buitoni** ₡1.339

Carnicería/Mariscos
Pechuga de pollo ₡238 kg
Chuletas de cerdo ₡385 kg
Chorizo ₡499 kg
Corvina ₡875 kg
Camarones ₡2.000 kg

Frutas
Plátanos ₡199 kg
Naranjas ₡159 kg

Productos congelados
Bróculi ₡199 500 grs
Fresas ₡250 500 grs

Modelo: Usted quiere comprar un kilo de queso y el pan Chorotega.
1.740 mil setecientos cuarenta colones

1. Usted quiere comprar una pizza Buitoni y una botella de refresco
   La Casera de 2 litros.

   _____ _____ _colones_

2. Usted quiere comprar un kilo de chuletas de cerdo y 500 gramos de bróculi
   congelado.

   _____ _____ _colones_

3. Usted quiere comprar un kilo de pechugas de pollo y un kilo de naranjas.

   _____ _____ _colones_

4. Usted quiere comprar un kilo de chorizo y un kilo de arroz.

   _____ _____ _colones_

5. Usted quiere comprar dos kilos de plátanos y un cereal Coco-Rico.

   _____ _____ _colones_

6. Para un plato especial que usted va a preparar, necesita un kilo de corvina
   (tipo de pescado), un kilo de camarones y un kilo de arroz.

   _____ _____ _colones_

Estructuras

4. Asking for specific information: Interrogative words (A summary)

3-13. Combine the appropriate interrogative word from column **A** with the
corresponding information from column **B**. Write the question in the space
provided.

A	B
1. ¿Cuándo...	...de los postres deseas?
2. ¿Dónde...	...es esa (*that*) mujer?
3. ¿Qué...	...preparan el pescado? ¿Frito o al horno?
4. ¿Quién...	...cuesta la cena?
5. ¿Cómo...	...tipo de comida sirven?
6. ¿Cuál...	...vas a cenar? ¿Ahora o más tarde?
7. ¿Cuánto...	...está el restaurante?

1. ¿Cuándo... _____

2. _____

3. _____

4. _____

5. _____

6. _____

7. _____

3-14. Write a conversation that takes place between Antonio and Julia. He asks the questions and she answers them. Use the interrogative words in the list.

> ¿adónde?   ¿cómo?   ¿cuál?   ¿cuándo?   ¿cuántos/as?   ¿dónde?

Modelo: ir / esta tarde
ANTONIO: **¿Adónde vas esta tarde?**
JULIA: **Voy a la biblioteca.**

1. estar / hoy

ANTONIO: _____

JULIA: _____

2. vivir / ahora

ANTONIO: _____

JULIA: _____

3. hermanos o hermanas / tener

ANTONIO: _____

JULIA: _____

4. ser / tu comida favorita

ANTONIO: _____

JULIA: _____

5. poder / ir al cine conmigo (*with me*)

ANTONIO: _____

JULIA: _____

General review

3-15. Answer the following questions with complete sentences.

1. ¿Cuál es su postre favorito?

_____

2. Cuando usted tiene hambre y es la hora de la cena, ¿qué come?

_____

3. ¿Adónde le gusta a usted ir los fines de semana?

_____

4. ¿Qué quieren hacer usted y sus amigos este fin de semana?

_____

5. ¿Qué restaurantes prefieren ustedes?

_____

6. ¿Qué comidas y bebidas normalmente piden?

_____

3-16. Draw your self-portrait in the frame on p. 53. Then describe yourself by answering the following questions:

- ¿De dónde es usted?
- ¿Cómo es usted? (descripción)
- ¿Cuántos años tiene?
- ¿Qué comidas le gustan o no le gustan?
- ¿Dónde desayuna/ almuerza/ cena? ¿A qué hora?
- ¿Cuándo prefiere estudiar / hablar con sus amigos?
- ¿Dónde prefiere estudiar / hablar con sus amigos?

Copyright © 2004 John Wiley & Sons, Inc.

_____

_____

_____

_____

_____

_____

_____

_____

Check your answers with those given in the *Answer Key* and make all necessary corrections with a pen or pencil of a different color.

Internet Discovery

Español para viajeros

The *Español para viajeros* website was designed for travelers who want to learn some basic words for survival. Many of the categories for words correspond to the topics in your book. In addition to giving you translations of words, *Español para viajeros* provides the pronunciation.

1. Go to the **Dicho y hecho** Book Companion Website @ www.wiley.com/college/dawson and follow the link to the *Español para viajeros* website. Click on *Números* and then *Submit*. How do you say *one million* in Spanish? Listen to the pronunciation.

_____

2. Return to the main page. Then select *Time and Dates = Fechas y horas* and *Submit*. How do you say 1:45? Express it three ways.

a) _____

b) _____

c) _____

3. Finally, return once again to the main page. Then select *Shopping/Dining = De compras/Comidas* and *Submit*. How do you say *"Do you accept credit cards?"* in Spanish?

_____

And *"Please bring the bill"*? _____

_____

List two ways to say *"How much does this cost?"*

a) _____

b) _____

4. Are there any words in the list of food items that are not in Chapter 3 of your

text book? If so, list one: _____

Copyright © 2004 John Wiley & Sons, Inc.

CAPÍTULO 4 Recreaciones y pasatiempos

Así se dice

Recreaciones y pasatiempos

4-1. Crucigrama

Horizontal

1. Lo que (*What*) hacemos con la guitarra.
2. Lo que hacemos con los esquíes.
3. Lo contrario de ganar.
4. Mover el cuerpo (*body*) en el agua.
5. Las rosas y los tulipanes son...
6. No vamos a correr por el parque. Vamos a...
7. Para jugar al vólibol necesitamos una...
8. Javier va a... en el partido de tenis hoy.
9. Hay muchas en los árboles.

Vertical

10. Lo que hacemos cuando estamos muy cansados.
11. Usar cigarrillos.
12. Caminar rápido.
13. Hay muchos en el parque. Tienen hojas.
14. Lo que hacen los artistas.
15. Usar la voz para producir música.
16. El agua donde podemos nadar, esquiar, pescar (*to fish*) es un...

Así se dice

Los colores

4-2. Your friends are having a picnic in the park. Indicate the color of each food item. Be sure that your color adjectives agree with the nouns you are describing.

1. Las bananas son _____.

2. Las fresas y las cerezas son _____.

3. La lechuga es _____.

4. Las zanahorias son _____.

5. Las cebollas en la ensalada son _____.

6. Los arándanos (*blueberries*) son _____.

Así se dice

Más actividades y deportes

4-3. Indicate what the following people want to do according to their circumstance. Select activities from the list.

> bailar   jugar al tenis   ir de compras
> manejar   ver el partido en la tele   limpiar el apartamento

Modelo: Javier tiene una raqueta nueva.
      Quiere jugar al tenis.

1. Linda necesita comprar un suéter nuevo y jeans.

_____

2. A Camila le gusta mantener el apartamento muy ordenado (*tidy*) y hoy llegan sus padres.

_____

3. El equipo de fútbol favorito de Manuel juega hoy.

_____

4. Inés y Octavio quieren ir a la disco esta noche.

_____

5. Carmen tiene un coche nuevo.

_____

4-4. What are the probable pastimes of Miguelito and Antonio? Use your imagination. And what are your and your friends' favorite pastimes? Complete the sentences.

Antonio

Miguelito

1. A Miguelito probablemente le gusta _____, y también

le gusta _____ y _____.

2. A Antonio probablemente le gusta _____, y también

le gusta _____ y _____.

3. A mí me gusta _____, _____

y _____.

4. A mis amigos les gusta _____ y _____.

4-5. Read the following web page and then answer the questions.

Reading hint: Try to understand the meaning of key words by their context. Remember that you do not have to understand every word to comprehend the main idea.

ENTRETENIMIENTOS PARA ESTA SEMANA

Para leer
El nuevo libro de Gabriel García Márquez *Vivir para contarla* está ya en las librerías. El famoso escritor habla de su pueblo natal Aracataca y de sus primeros pasos en la literatura. <u>Para saber más pulsa aquí</u>

Cine
El segundo film sobre el personaje de J. K. llega a los cines. Harry Potter tiene más acción y más fantasía. <u>Para saber más pulsa aquí</u>

Frida La película que protagoniza la actriz mexicana Salma Hayek es otra posibilidad para esta semana. El film trata de la famosa y revolucionaria pintora mexicana Frida Kahlo. <u>Para saber más pulsa aquí</u>

Horóscopo
Si quieres saber qué secretos tienen los astros para ti. <u>Pulsa aquí</u>

L	M	M	J	V	S	D
1	2	3	4	5	6	7
8	9	10	11	12	13	14
15	16	17	18	19	20	21
22	23	24	25	26	27	28
29	30	31				

---

1. En la frase: "los primeros pasos en la literatura", ¿cuál es el equivalente en inglés de la palabra **pasos?**

pasos = _____

2. En la frase: "El segundo film sobre el personaje de J.K.", ¿cuál es el equivalente en inglés de la palabra **personaje?**

personaje = _____

3. En la frase: "La película que protagoniza la actriz mexicana Salma Hayek", ¿cuáles son los equivalentes en inglés de las palabras **película** y el verbo **protagoniza**?

película = _____   protagoniza = _____

4. ¿Cómo se llama el nuevo libro del escritor colombiano Gabriel García Márquez?

_____

5. ¿Qué características tiene la segunda película de Harry Potter?

_____

6. ¿Quién es Frida Kahlo?

_____

7. ¿Le gusta leer su horóscopo?

_____

Copyright © 2004 John Wiley & Sons, Inc.

Estructuras

1. Talking about activities in the present: Additional *yo* irregular verbs

A. *Saber* and *conocer*

4-6. Write sentences with the words provided and the correct form of **saber** or **conocer**.

> **Modelos:**   mis amigos / la ciudad
> **Mis amigos *conocen* la ciudad.**
>
> (ellos) / cuáles son las mejores discotecas
> ***Saben* cuáles son las mejores discotecas.**

1. (yo) / a María Luisa

_____

2. (yo) / su número de teléfono

_____

3. ¿(tú) / dónde vive ella?

_____

4. ¿(tú) / bien esa (*that*) parte de la ciudad?

_____

5. María Luisa / tocar el piano muy bien

_____

6. ¿(ustedes) / tocar algún instrumento musical?

_____

B. Additional verbs with an irregular *yo* form

4-7. Tell what you do on weekends and on Mondays. Then indicate that your best friend does the same.

> **Modelo:** Los fines de semana: ir a mi casa
> **Voy a mi casa. Él/Ella también va a su casa.**

Los fines de semana:

1. hacer ejercicio en el gimnasio

_____

2. dar un paseo por el parque

_____

3. salir con mis amigos

_____

4. ver DVDs (devedés)

_____

Los lunes:

5. decir «hola» al entrar en la clase

_____

6. venir a clase bien preparado/a

_____

7. traer todos mis libros a clase

_____

8. poner los libros en mi pupitre

_____

9. participar en todas las actividades

_____

Copyright © 2004 John Wiley & Sons, Inc.

Así se dice

Preferencias, obligaciones e intenciones

4-8. Read Paul's e-mail to Elena. Then write about his obligations, preferences, and intentions.

> De: Pablo@ole.com
> Para: Elena@ole.com
> CC:
> Asunto: fin de semana
>
> Elena, según lo que me dices, vas a tener un fin de semana muy interesante. ¿Y yo? Pues, voy a hacer investigación para mi trabajo escrito, trabajar el sábado por la tarde, ir al supermercado y... mi apartamento está sucio°. Pero, también quiero jugar al tenis con Javier, ir al cine o a una fiesta con algunos de mis amigos y... descansar. Necesitamos fines de semana de tres días, ¿verdad?
>
> Tu amigo,
> Pablo

dirty

Pablo tiene que...

1. _____
2. _____
3. _____
4. _____

Tiene ganas de...

5. _____
6. _____
7. _____

4-9. Answer the following questions with complete sentences.

1. ¿Qué piensa hacer usted hoy?

   _____

2. ¿Qué tiene que hacer usted esta noche?

   _____

3. ¿Qué debe hacer usted mañana?

   _____

4. ¿Qué tiene ganas de hacer usted este fin de semana?

   _____

Estructuras

2. Making future plans: *Ir + a + infinitive*

4-10. Tell what the following people are going to do according to the situation. Choose the appropriate activity from the list.

Modelo: Carlos tiene un examen mañana.
Va a estudiar en la biblioteca.

estudiar en la biblioteca	cenar en un restaurante	hacer ejercicio en el
descansar	ir a una discoteca	gimnasio

1. Tenemos mucha hambre y no queremos preparar comida en nuestro apartamento.

   _____

2. Tomás no quiere salir esta noche. Está muy cansado.

   _____

3. Elsa y Tina quieren bailar.

   _____

4. Estoy en mala forma (*out of shape*).

   _____

Así se dice

El clima y las estaciones

4-11. What is the weather like?

1. Es invierno en Alaska. _____Hace_____ _____.

2. Es verano y estamos en la Florida. _____ _____.

3. Es primavera. Es un día perfecto. _____

   _____ _____.

4. Es un día feo. _____ _____

   _____.

5. Es otoño. No hace mucho calor y no hace mucho frío.

_____   _____.

6. No podemos ver el sol hoy. _____   _____.

7. Necesitamos nuestros paraguas (*umbrellas*). Está _____

hoy. _____ mucho aquí. No me gusta la

_____.

8. Estamos visitando Montana en invierno y está nevando. ¡Nos gusta mucho la

_____!

9. Estamos en la playa. Los barcos de vela (*sailboats*) avanzan muy rápido.

_____ mucho _____.

4-12. You are talking on the phone with your friend Renato from Buenos Aires. It's summer where you live and winter where he lives.

1. Ask him what the weather is like in Buenos Aires.

_____

2. He answers that it's very cold, and that he's cold because his apartment has no heat (**calefacción**).

_____

_____

3. Tell him that it's hot here, and that you're hot because your apartment has no air conditioning (**aire acondicionado**).

_____

_____

Estructuras

3. Emphasizing that an action is in progress: The present progressive

4-13. Your friends are at the beach. Tell what they are doing *right now.*

Modelo: Linda descansa.
Está descansando.

1. Rubén escucha música.

   _____

2. Inés toma el sol.

   _____

3. Alfonso nada.

   _____

4. Octavio juega al vólibol.

   _____

5. Natalia lee una novela.

   _____

6. Esteban duerme.

   _____

Estructuras

4. Describing people, places and things: *Ser* and *estar* (A summary)

4-14. Complete the following sentences with the appropriate forms of **ser** and **estar**. Give reasons for your choices in English selecting from the list provided.

> **Razones**   location   origin
>   condition   characteristics/qualities
>   action in progress   identity (who/what)

1. Juan José _____ de Argentina.

Razón: _____

2. _____ alto y simpático.

Razón: _____

3. Ahora _____ en Montevideo con sus amigos.

Razón: _____

4. Él y sus amigos _____ jugando al fútbol.

Razón: _____

5. _____ contento porque no tiene que pensar en la universidad.

Razón: _____

6. _____ estudiante de arquitectura y generalmente tiene mucho trabajo.

Razón: _____

4-15. Answer with complete sentences.

1. ¿Qué tiempo hace hoy?

_____

2. En la clase de español, ¿a quién conoce usted muy bien?

_____

3. ¿Qué sabe hacer usted muy bien? (talentos especiales)

_____

4. ¿Qué tiene que hacer usted todos los lunes?

_____

5. ¿Qué tienen ganas de hacer usted y sus amigos los viernes por la noche?

_____

6. Imagine que es sábado por la noche. Probablemente, ¿qué están haciendo sus amigos?

_____

7. ¿Qué va a hacer usted este fin de semana?

_____

4-16. Describe the scene according to the drawing. Use your imagination to answer the following questions:

- ¿En qué estación del año estamos? ¿Y qué tiempo hace hoy?
- ¿Qué está haciendo Inés?
- ¿Qué tiene ganas de hacer? ¿Y probablemente qué tiene que hacer?
- ¿Qué va a hacer más tarde?

Copyright © 2004 John Wiley & Sons, Inc.

_____

_____

_____

_____

_____

_____

Check your answers with those given in the *Answer Key* and make all necessary corrections with a pen or pencil of a different color.

Internet Discovery

Online Grammar Activities

Professor Barbara Kuczun Nelson at Colby College has created a wonderful website for her first-year students of Spanish. It contains lots of interesting cultural information and practice of a variety of grammatical structures. Fortunately for you, the site is available to anyone with access to the World Wide Web. You can come back to this site to get additional practice for most of the grammatical structures that you learn in **Dicho y hecho.**

1. Go to the **Dicho y hecho** Book Companion Website @ www.wiley.com/college/dawson and follow the link to the website. Click on *gustar* on Professor Nelson's page. What happens when you fill in the blanks and then click on the question marks?

   _____

2. Now choose a grammar topic from this chapter, such as *Ser* vs. *estar*, and do the corresponding exercise on the website. How did you do?

   _____

3. Now click on *Saber vs. conocer* and complete *Saber vs. conocer 1*. How did you do?

   _____

4. Click on *Other excellent language sites.* Check out Professor Juan Ramón Arana's site. Go to *Self-check exercises* → *Adjectives* → *Colors*. What color is the inside of the bowl (*cuenco*)?

   _____

Nombre ______________________ Fecha ______________ Clase __________

CAPÍTULO 5 La rutina diaria

Así se dice

La rutina diaria

5-1. Crucigrama

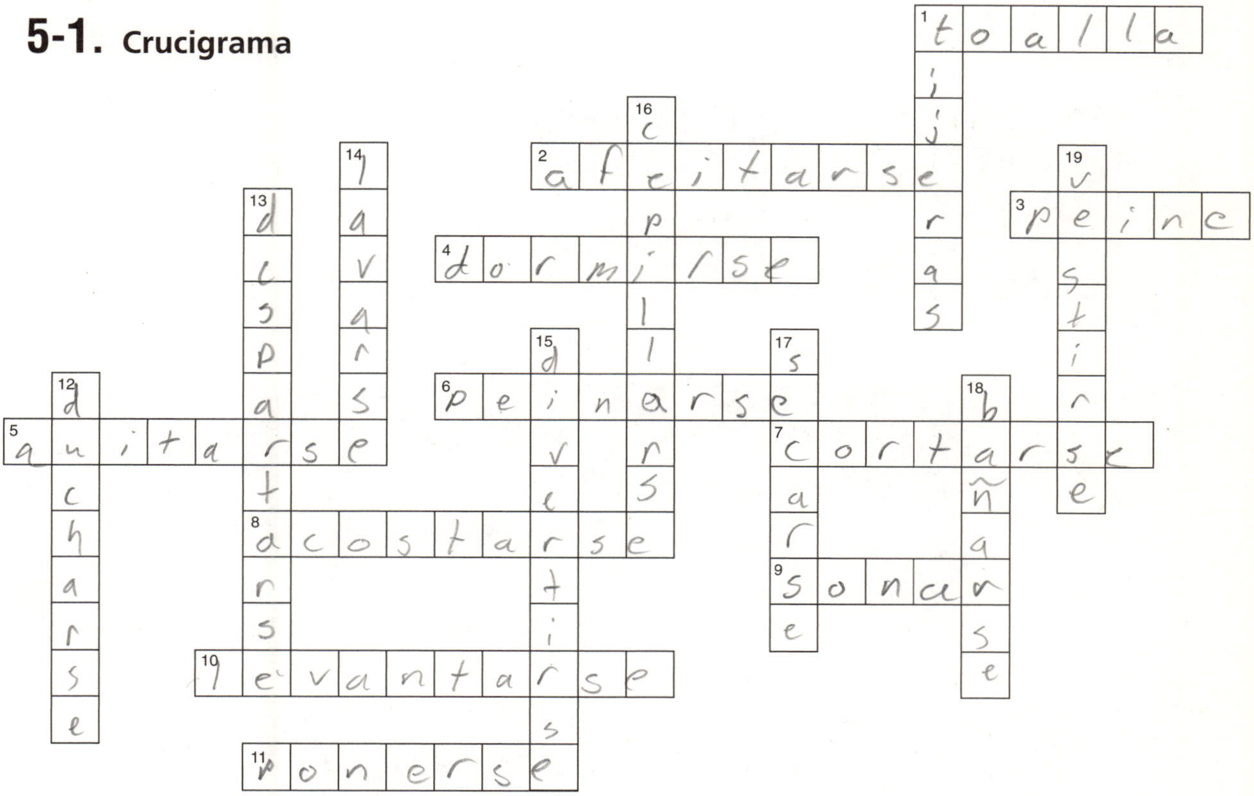

Horizontal

1. Lo que se usa para secarse.
2. El acto de quitarse el pelo de la cara, etc. con una navaja.
3. Lo que se usa para peinarse.
4. Lo contrario de **despertarse**.
5. Lo contrario de **ponerse** la ropa es... la ropa.
6. El acto de usar el peine.
7. Las tijeras sirven para... el pelo.
8. El acto de irse a la cama (*bed*) al final del día.
9. Lo que hace el despertador para despertarnos, o lo que hace el teléfono.
10. El acto de salir de la cama por la mañana.
11. Lo contrario de **quitarse** la ropa es... la ropa.

Vertical

1. Lo que se usa para cortarse el pelo.

12. El acto de tomar una ducha.

13. El despertador suena. Es necesario... y levantarse.

14. Se usa agua y jabón para... las manos.

15. El acto de ir a una fiesta, bailar, escuchar música y pasarlo bien es...

16. El acto de lavarse los dientes con pasta de dientes y cepillo es... los dientes.

17. El acto de quitarse el agua del pelo, etc. con toalla o secador.

18. El acto de lavarse en la bañera (*bathtub*).

19. El acto de ponerse la ropa y los zapatos.

5-2. Read the following advertisement and then answer the questions.

Fue superado el record en protección desodorante.

Nuevo Speed Stick de Mennen, es el campeón.

¿Sabes por cuánto tiempo funciona tu desodorante?

Es verdad: algunos funcionan por más tiempo... otros por menos. Todos empiezan muy bien... por lo menos los primeros cincuenta o sesenta minutos. Pero el efecto desodorante de muchos productos empieza a desvanecerse a las cuatro o cinco horas y hay algunos productos que han dejado de funcionar casi por completo antes de seis horas. Y esto sucede aun cuando las personas están sometidas a un ritmo de trabajo y de presión normal.

¿Sabías que el estrés emocional provoca tanta transpiración como el ejercicio físico?

Los expertos lo han comprobado. La presión en el trabajo, la emoción del éxito, la tensión antes de revelarse los resultados... todo esto produce tanta transpiración, como una intensa caminata o una centena de abdominales: Y resulta que, cuando empieza tu día, no sabes exactamente cuáles son los desafíos físicos y emocionales a los que te enfrentarás. Por eso necesitas un desodorante en el que puedas confiar... sin importar cómo es tu día.

Ahora sí: protección de verdad por más de 24 horas.

Recientemente, Speed Stick lanzó al mercado una nueva fórmula en su línea de productos, que rompió el record de duración en protección desodorante. Esta fórmula, que la compañía fabricante Mennen ha llamado de "Ultra Protección", se mantiene en un nivel superior al 70% de efectividad después de 24 horas de aplicación, comprobado. El éxito de la fórmula se debe a una tecnología exclusiva, desarrollada por Mennen, que fue probada extensivamente en una enorme variedad de situaciones y contra la gama más amplia de competidores a nivel mundial.

¿Sabes por cuánto tiempo funciona tu desodorante?

1. Lea la primera parte del anuncio. Por el contexto, ¿puede usted adivinar (*can you guess*) lo que significan las siguientes palabras en inglés?

   funciona = _____   desvanecerse = _____

2. Según el anuncio, ¿cuándo empieza (*begin*) a desvanecerse el efecto de muchos desodorantes?

   _____

¿Sabías que el estrés emocional provoca tanta transpiración como el ejercicio físico?

3. Lea la segunda parte del anuncio. Por el contexto, ¿puede usted adivinar lo que significan las siguientes palabras en inglés?

   transpiración = _____

   caminata = _____

   presión = _____

   abdominales = _____

4. Según el anuncio, ¿cuáles son dos cosas emocionales que provocan la transpiración? ¿Y dos actividades físicas?

   _____

Ahora sí: protección de verdad por más de 24 horas.

5. ¿Cuánta protección da el nuevo *Speed Stick*?

   _____

6. ¿Qué marca de desodorante usa usted? ¿Le gusta?

   _____

Estructuras

1. Talking about daily routines: Reflexive verbs

5-3. Use the verbs from column **A** to produce a list of the activities that constitute your morning routine. First determine the chronological order by numbering the activities. Then place your activities in column **B**. Use the **yo** form of the verb in the present tense.

A		B	
_____ vestirse		1.	_Me despierto a las ocho._
_____ levantarse		2.	_____
_____ despertarse a las...		3.	_____
__1__ cepillarse los dientes		4.	_____
_____ bañarse		5.	_____
_____ ponerse los zapatos		6.	_____
_____ secarse		7.	_____
_____ desayunar		8.	_____

5-4. Talk about your and your friends' weekly routines. Do not use subject pronouns unless you want to emphasize or contrast.

Todas las mañanas...

1. Inés / maquillarse

   _____

2. Octavio / afeitarse

   _____

3. (yo) / ducharse

   _____

4. (nosotros) / peinarse

   _____

Todas las noches...

5. las chicas / quitarse el maquillaje

_____

6. (tú) / lavarse la cara

_____

7. Ana y Lupe / ponerse los pijamas de franela (*flannel*)

_____

8. (yo) / acostarme tarde

_____

Una vez por semana...

9. (yo) / cortarse las uñas

_____

10. (nosotros) / lavar la ropa

_____

11. Camila / limpiar el apartamento

_____

Los fines de semana, en las fiestas...

12. (nosotros) / divertirse

_____

13. Linda y Manuel / bailar

_____

14. Rubén / tocar la guitarra

_____

5-5. It's Monday morning. Based on the cartoon, answer the following questions:

- ¿Cómo está Antonio hoy?
- ¿Qué quiere o no quiere hacer?
- ¿Qué tiene que hacer?

_____

_____

_____

_____

Now answer the following personal questions with complete sentences.

1. ¿A qué hora suena su despertador los lunes por la mañana?

_____

2. ¿Se levanta usted inmediatamente?

_____

3. ¿Tiene usted que levantarse temprano todos los días?

_____

4. ¿A qué hora se acuesta usted normalmente?

_____

5. ¿Se duerme usted fácilmente?

_____

Así se dice

¿Qué acabas de hacer?

5-6. Indicate what each of the persons mentioned has just done. Use the expression **acabar de** + *infinitive* and the given clues.

> **Modelo:** (yo) / levantarse
> **Acabo de levantarme.**

1. Raúl / desayunar

    _____

2. Lupe y María / lavarse el pelo

    _____

3. (nosotros) / vestirse

    _____

4. nuestros amigos / salir de la residencia

    _____

Estructuras

2. Describing how actions take place: Adverbs

5-7. Complete the following sentences with the correct form of the adverbs.

> **Modelo:** ___**Generalmente**___ (general) trabajo con la computadora por la tarde.

1. Mando mensajes electrónicos _____ (frecuente).

2. Encuentro (*I find*) información en la red _____ (fácil).

3. Respondo a los mensajes electrónicos _____ (rápido).

4. Reviso (*I check*) mis mensajes electrónicos _____ (constante).

5. _____ (usual) chateo con mis amigos por la noche.

Así se dice

El trabajo

5-8. Give the job-related word from this section that corresponds to the definition.

1. La mujer que contesta el teléfono y nos saluda al entrar en la oficina es la

   _____.

2. La mujer que vende en una tienda es la _____.

3. El hombre que nos sirve en un restaurante es el _____.

4. Cuando pedimos una pizza por teléfono, el _____ trae la pizza a la casa.

5. Mi primo trabaja solamente diez horas por semana. Tiene un trabajo

   _____.

6. Si una persona trabaja cuarenta horas por semana, tiene un trabajo

   _____.

Estructuras

3. Talking about actions in the past: The preterit of regular verbs and *ser* and *ir*

5-9. What did you, Luis, and Linda and Ana do last weekend? Provide the correct form of the verb.

> **Modelo:**   visitar el lago
>
> | YO | LUIS | LINDA Y ANA |
> |----|------|-------------|
> | **visité** | **visitó** | **visitaron** |

1. volver a casa

   _____   _____   _____

2. estudiar dos horas para el examen de historia

   _____   _____   _____

3. escribir la composición para la clase de español

   _____   _____   _____

Copyright © 2004 John Wiley & Sons, Inc.

Dicho y hecho: Cuaderno de ejercicios escritos

4. buscar información en la red para el trabajo escrito

_____   _____   _____

5. leer una novela muy interesante

_____   _____   _____

6. jugar al vólibol

_____   _____   _____

7. ir al cine

_____   _____   _____

8. comer en un restaurante

_____   _____   _____

9. asistir a un concierto

_____   _____   _____

5-10. What did you and your friends do last weekend? Answer with complete sentences.

Usted y sus amigos...

1. ¿Estudiaron mucho?

_____

2. ¿Vieron la tele?

_____

3. ¿Comieron pizza?

_____

4. ¿Salieron a bailar?

_____

5. ¿Fueron de compras?

_____

6. ¿Compraron muchas cosas?

_____

7. ¿Regresaron tarde?

_____

5-11. Your friend Ernesto needs some mentoring, and you ask him some questions to make sure he's on track.

> **Modelo:**   salir con tus amigos anoche
> **¿Saliste con tus amigos anoche?**

1. ir al centro ayer

_____

2. cortarse el pelo

_____

3. peinarse esta mañana

_____

4. afeitarse esta mañana

_____

5. completar la tarea para la clase de español

_____

6. aprender el vocabulario del Capítulo 5 para la prueba

_____

7. llegar a la universidad temprano esta mañana

_____

8. imprimir el trabajo para la clase de historia

_____

9. hablar con el profesor consejero (_advisor_)

_____

10. buscar la información en Internet sobre España

_____

5-12. Pretend you are Julie, the protagonist of the following story. Complete the following sentences with the correct form of the verb in parentheses.

1. Ayer _____ (ser) un día extraordinario.

2. _____ (leer) los tres capítulos del texto de psicología. Raramente hago toda mi tarea para esa clase.

3. _____ (jugar) al tenis con Antonio, el chico que más me gusta.

4. _____ (almorzar) con él también.

5. _____ (ir) a la clase de español y

   _____ (sacar) una A en la prueba.

6. _____ (llegar) a mi casa temprano. Y adivinen (*guess*)

   quién me _____ (llamar). Pues claro, Antonio. Me

   _____ (invitar) a salir este fin de semana.

Así se dice

¿Qué pasó?

5-13. Antonio tells his friend Miguelito why he is so tired. He enumerates his activities of the day from the time he got up. Write what he says using the expressions from the list to show the sequence of the actions.

> luego   entonces   primero   más tarde   después   finalmente

Miguelito, ¡estoy tan cansado! Primero,... _____

_____

_____

_____

_____

_____

_____

Estructuras

4. Referring to persons and things: Direct object pronouns (A summary)

5-14. The class is organizing a paella party. Tell who is in charge of each task and use direct object pronouns.

> **Modelo:** ¿Quién va a hacer las compras? Luis
> **Luis las va a hacer.** *o* **Luis va a hacerlas.**

1. ¿Quién va a comprar los mariscos? Rosa

   _____

2. ¿Quién va a preparar la ensalada? Mirta y Lidia

   _____

3. ¿Quién va a cocinar la paella? Alberto y su novia

   _____

4. ¿Quién va a limpiar el apartamento después de la fiesta? La profe

   _____

5-15. After the party, tell a friend who was in charge of each task. Use direct object pronouns in your answers.

1. ¿Quién compró los mariscos?

_____

2. ¿Quién preparó la ensalada?

_____

3. ¿Quién cocinó la paella?

_____

4. ¿Quién limpió el apartamento después de la fiesta?

_____

5-16. Your grandparents are arriving in a few hours, and your mother has a lot of questions. Answer her questions using direct object pronouns.

> **Modelo:** ¿Está Margarita organizando los discos compactos?
> **Sí, los está organizando.** *o* **Sí, está organizándolos.**

1. ¿Está Rita haciendo la ensalada de papa?

_____

2. ¿Están tu papá y tu hermano limpiando el garaje?

_____

3. ¿Está Miguel llamando a los tíos?

_____

4. Y tú, ¿estás preparando las empanadas?

_____

5-17. Answer the following questions with complete sentences.

1. ¿A qué hora se levantó usted esta mañana?

   _____

2. ¿Qué hace usted inmediatamente después de levantarse?
   (Mencione cuatro cosas.)

   _____

   _____

   _____

   _____

3. ¿A qué hora salió usted de la residencia (de su apartamento/de su casa) esta
   mañana? ¿Y qué pasó después? (Mencione cuatro cosas.)

   _____

   _____

   _____

   _____

4. ¿Se divierte usted con sus amigos los fines de semana? ¿Qué hacen ustedes?
   (Mencione tres cosas.)

   _____

   _____

   _____

5-18. Write three sentences to describe Manuel's daily routine during the week, and then three more to talk about what he did last Saturday. Include times.

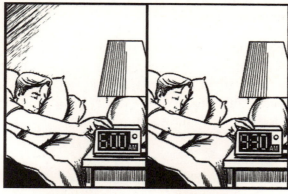

entre semana   el sábado

_____

_____

_____

_____

_____

_____

_____

Check your answers with those given in the *Answer Key* and make all necessary corrections with a pen or pencil of a different color.

Internet Discovery

Conjugador de los verbos

Do verb forms sometimes hang you up when you are writing a composition or the answers to your homework? *Spanish Verb Conjugation Trainer* is now available as a Web-based program.

1. Do stem-changing verbs stump you on occasion? Go to the **Dicho y hecho** Book Companion Website @ www.wiley.com/college/dawson and follow the link to the *Spanish Verb Conjugation Trainer*. Click *Conjugator* and then write *preferir* in the window and click on *Show all verb forms*. Examine the *Indicativo* column. In which forms does *preferir* show a stem change?

   _____

2. The spelling changes in the preterit might be problematic, too. Write *buscar* in the window and click on *Show all verb forms*. How do you spell the preterit *yo* form of *buscar*?

   _____

3. What is the present progressive (gerund) form of the verb *leer*?

   _____

4. Now go back to *Spanish Verb Conjugation Trainer*. Select *Preterite → Regular Verbs*. Fill in the missing verb forms in the window, checking each one by clicking *Correct?* Did you get all or most of the preterite tense regular-verb conjugations correct?

   _____

Copyright © 2004 John Wiley & Sons, Inc.

Dicho y hecho: Cuaderno de ejercicios escritos

CAPÍTULO 6

Por la ciudad

Así se dice
Por la ciudad

6-1. Crucigrama

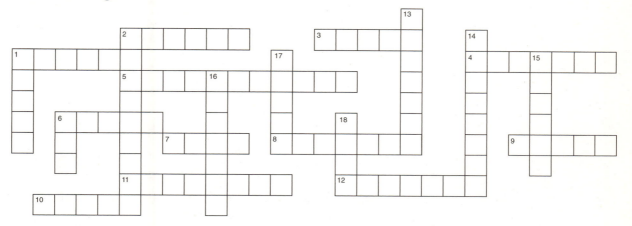

Horizontal

1. El lugar en la ciudad donde descansamos y jugamos.

2. El lugar donde esperamos el autobús.

3. Una avenida pequeña es una...

4. Lo que hacemos en la parada de autobús.

5. Un edificio muy, muy alto.

6. El lugar en la oficina de correos donde ponemos las cartas (*letters*).

7. El lugar donde vemos películas.

8. Un monumento de una persona famosa.

9. Donde depositamos nuestro dinero.

10. El lugar donde vemos obras (*works*) de arte.

11. Los católicos van a misa a la...

12. No es una catedral. Es más pequeña.

Vertical

1. En las ciudades hispanas, la... generalmente está en el centro de la ciudad.

2. Leemos las noticias en el...

6. El lugar donde muchas personas van para tomar cerveza, vino, etc.

13. *Sports Illustrated* es una...

14. Vamos al cine para ver una...

15. Lo contrario (*opposite*) de **salir.**

16. Una calle muy grande es una...

17. Sinónimo de **personas.**

18. Si no queremos ir ni en metro ni en autobús, buscamos un...

Así se dice

6-2. Complete las oraciones con palabras apropiadas de esta sección.

1. Queremos ir al _____ para explorar las tiendas y los museos.

2. El Museo de Antropología se abre a las diez de la mañana y

   _____ a las seis de la tarde.

3. Vamos a almorzar en uno de los _____ restaurantes de la

   ciudad y a _____ a nuestros amigos. Nosotros pagamos.

4. Esta noche queremos ver la _____ *Cats* en el Teatro Colón.

   Voy a _____ cuánto cuestan las _____.

5. El *show* empieza a las ocho de la noche. ¿A qué hora _____?

Estructuras

1. Indicating relationships between persons and things: Prepositions; pronouns with prepositions

A. Prepositions of location and other useful prepositions

6-3. Complete las oraciones con las preposiciones de la lista. Refiérase al dibujo.

Dicho y hecho: Cuaderno de ejercicios escritos

| al lado de | frente a | delante de | detrás de | entre |

1. Ana está _____ Tomás y Rafael.

2. Felipe está _____ Roberto.

3. Aurora está _____ Roberto.

4. Eduardo está _____ Tomás.

5. Susana está _____ Pablo. ¡Están bailando!

6-4. ¿Cómo se dice en español? *Hint*: En español se usa *un infinitivo* después de una preposición.

CELIA: Anita, instead of studying, do you want to go to the movies?

_____

ANITA: Yes, but before leaving I have to send this e-mail message. . . .

_____

CELIA: After seeing the movie we can walk to El Mesón to (in order to) have dinner.

_____

ANITA: It's very close to the theater, and the food is excellent.

_____

B. Pronouns with prepositions

6-5. Complete el diálogo con los pronombres preposicionales apropiados. Use los pronombres de la lista.

| mí | conmigo | ti | contigo | ella | nosotros |

Un sábado por la mañana Carmen y Alfonso hablan de la torta que van a preparar para la fiesta de sorpresa de Natalia.

CARMEN: Mira, Alfonso. Voy al supermercado para comprar los ingredientes para la torta de cumpleaños de Natalia. ¿Quieres ir

(1) _____?

ALFONSO: Lo siento, Carmen. No puedo ir (2) _____ ahora porque tengo que hablar con mi amigo Julio sobre la tarea.

CARMEN: Bueno. Me voy sin (3) _____. Linda va a venir

al apartamento a las cuatro para preparar la torta

(4) _____. Si quieres ayudarnos, puedes

venir a las cuatro con (5) _____.

ALFONSO: Gracias. Soy especialista en decoración de tortas.

CARMEN: ¡Sí! El año pasado, cuando celebramos mi cumpleaños, decoraste una

torta para (6) _____. ¡Un obra de arte!

ALFONSO: Natalia va a estar muy sorprendida esta noche. ¡A

(7) _____ le encantan las fiestas de sorpresa!

CARMEN: ¡Y a (8) _____ nos encanta organizarlas!

Estructuras

2. Pointing out things and persons: Demonstrative adjectives and pronouns

6-6. Usted y su amigo están caminando por la ciudad de Nueva York y hablan de lo que ven. Use formas de los adjetivos y los pronombres demostrativos.

Modelo: Me gustan ___**estas**___ flores (cerca).

Pues yo prefiero ___**ésas**___ (unas un poco lejos).

1. _____ rascacielos (lejos) es uno de los más altos de la ciudad.

2. _____ estatua (cerca) es muy famosa.

3. Pues a mí me gusta _____ (una lejos).

4. _____ almacenes (cerca) venden recuerdos.

5. _____ tienda (lejos) es Macy's.

6. _____ joyería (un poco lejos) es muy famosa.

7. _____ plaza (cerca) es la Plaza Washington.

8. ¿Quieres comprar _____ (un poco lejos) revista?

9. Pues yo siempre leo _____ (una cerca).

Dicho y hecho: Cuaderno de ejercicios escritos

Así se dice

En la oficina de correos

6-7. Combine la información de la columna **A** con la información correspondiente de la columna **B**. Luego escriba una oración completa, con el verbo en el pretérito.

A	**B**
1. ir	de mi familia
2. escribir la dirección	a la oficina de correos
3. comprar un sello	al correo
4. echar la carta	en el sobre
5. mandar también	en la oficina de correos
6. recibir un paquete	una tarjeta postal

1. _Fui a la oficina de correos._ _____

2. _____

3. _____

4. _____

5. _____

6. _____

Estructuras

3. Talking about actions in the past: The preterit of *hacer* and stem-changing verbs

A. *Hacer*

6-8. Complete con formas del verbo **hacer** en el pretérito para saber lo que hizo su amiga Elena el fin de semana pasado.

USTED: ¿Qué _____ el fin de semana pasado?

ELENA: Pues no _____ mucho. Ana, Beatriz y yo

_____ una torta para el cumpleaños de Elisa.

El domingo Ana y Beatriz _____ ejercicio en el

gimnasio, pero no yo. Vi mucha televisión y leí un poco: un domingo

aburrido.

B. Stem-changing verbs

6-9. Imagine que usted y sus amigas cenaron en un auténtico restaurante mexicano. ¿Qué pasó? Escriba oraciones con las siguientes palabras. Cambie el verbo a la forma correcta del pretérito.

1. **Para entender las selecciones del menú...**

   el mesero / repetir las especialidades del restaurante

   _____

   yo / repetir el nombre del plato especial

   _____

   Anita y Linda / repetir el nombre de los aperitivos

   _____

2. **Para variar nuestras selecciones...**

   yo / pedir el plato especial de la casa

   _____

   Anita / pedir camarones al mojo de ajo

   _____

   Tina y Susana / pedir chile verde

   _____

3. **De todos los postres...**

yo / preferir el pastel de chocolate

_____

Tina / preferir el flan de plátano

_____

Susana y Anita / preferir el helado de fresa

_____

4. **Después de la cena volvimos a casa y...**

yo / dormir bien toda la noche

_____

Anita / no dormir bien

_____

Tina y Susana / dormir hasta las diez de la mañana

_____

6-10. ¿Qué pasa normalmente? ¿Y qué pasó anoche o ayer? Escriba oraciones con las siguientes palabras. Cambie los verbos al **presente** (para indicar lo que pasa normalmente) y al **pretérito** (para indicar lo que pasó anoche o ayer).

1. Normalmente, Paco / dormir bien

_____

Anoche / dormir mal

_____

2. Normalmente, Tina y Elena / pedir pizza vegetariana

_____

Anoche / pedir pizza con salchicha y tocino

_____

3. Normalmente, el profesor de español / almorzar con los otros profesores

_____

Ayer / almorzar con los estudiantes

_____

4. Normalmente, (yo) / jugar al tenis por la tarde

_____

Ayer / jugar por la mañana

_____

5. Normalmente, las clases / empezar a las ocho de la mañana

_____

Ayer / empezar a las ocho y media

_____

6-11. Miguelito le cuenta (_tells_) a Antonio lo que él y sus amigos hicieron en la fiesta. Luego, Antonio le cuenta lo que él hizo esta noche.

Miguelito

Antonio

MIGUELITO: Antonio, la fiesta fue estupenda. _____

_____

_____

_____

ANTONIO: _____

_____

_____

_____

Así se dice

El dinero y los bancos

6-12. Complete con la palabra apropiada del vocabulario.

1. Un turista va al banco porque quiere cobrar los cheques de

   _____.

2. El turista debe escribir su nombre en el cheque o _____ el cheque.

3. El turista está en México. Quiere _____ dólares a pesos mexicanos.

4. Cuando no usamos ni cheque, ni tarjeta de crédito pagamos en

   _____.

5. Cuando el artículo cuesta ocho dólares y pagamos diez, recibimos dos dólares de

   _____.

6. Siempre es buena idea _____ el dinero que recibimos de la dependienta.

7. Lo contrario de retirar dinero del banco es _____ dinero.

8. Lo contrario de depositar el cheque es _____ el cheque.

9. Lo contrario de gastar dinero es _____ dinero o

   _____ dinero.

10. Lo contrario de perder dinero es _____ dinero. ¡Qué buena suerte!

6-13. Lea el anuncio y conteste las preguntas.

CAJEROS AUTOMÁTICOS

Éste es el cajero más fácil de usar.

En la pantalla aparecen todas las opciones del menú.

Ud. debe insertar su tarjeta en la ranura y digitar
su clave personal.

Luego debe seleccionar la opción que desea: retiro, depósito,
pago, etc. y la cantidad a retirar o a pagar.

Es importante tener en cuenta los siguientes consejos:

no exponer su tarjeta a altas temperaturas

no doblar la tarjeta

no colocarla sobre ningún campo magnético

no anotar su clave personal en ella

ATM Card

1234 5678 9012 3456

MIGUELITO

Reading hints: Read the ad quickly, not stopping to look up words. Then read the ad again and underline all the words that you recognize. Can you answer the following questions?

1. ¿Es fácil o difícil usar el cajero automático?

_____

2. ¿Qué debe hacer primero?

_____

3. Luego, ¿qué debe hacer usted?

_____

4. ¿Cuáles son tres posibles opciones que le da el menú?

_____

5. ¿Cuáles son tres consejos para conservar su tarjeta en buenas condiciones?

_____

Copyright © 2004 John Wiley & Sons, Inc.

Estructuras

4. Expressing negation: Indefinite and negative words

6-14. Ernesto y Carlos son muy diferentes. Lea lo que hace Ernesto y lo que le gusta, y luego escriba sobre Carlos. Use palabras de la lista.

nada	nadie	nunca	tampoco

Modelo: Ernesto siempre viene a visitarme.
Carlos _____**nunca**_____ viene a visitarme.

1. Ernesto me da algo para mi cumpleaños todos los años.

   Carlos no me da _____ para mi cumpleaños.

2. A Ernesto a veces le gusta tocar la guitarra.

   A Carlos _____ le gusta tocar la guitarra.

3. Ernesto siempre está hablando con alguien.

   A Carlos no le gusta hablar con _____.

4. A Ernesto no le gustan mucho las fiestas de la universidad.

   Pues a Carlos no le gustan las fiestas _____.

Repaso general

6-15. Conteste las preguntas con oraciones completas.

1. ¿Cuántas horas durmió usted anoche?

_____

2. ¿Qué hizo usted antes de acostarse? (Mencione tres actividades.)

_____

3. La última vez (_last time_) que usted fue al centro, ¿qué lugares visitó? ¿Qué hizo?

_____

_____

4. ¿Compró usted algo en un almacén o tienda? (¿Qué compró?)

_____

5. ¿Comió en un restaurante? ¿Qué pidió?

_____

6-16. Describa una ciudad interesante.

Diga, entre otras cosas:

- lo que hay en el centro;
- sus lugares favoritos;
- el sistema de transporte.

_____

_____

_____

_____

_____

_____

_____

Check your answers with those given in the *Answer Key* and make all necessary corrections with a pen or pencil of a different color.

Internet Discovery

Radio Programs in Spanish

Would you like to practice your listening skills by tuning in to radio programs in Spanish? Or maybe you just want to hear some music in Spanish? The Massachusetts Institute of Technology has brought over 9,000 links to radio stations all around the world. If your computer is not already equipped with the necessary plug-ins, you may need to download them to listen to the radio over the Web.

1. Go to the ***Dicho y hecho*** Book Companion Website @ www.wiley.com/college/dawson and follow the link to the *MIT Radio-locator* website. Scroll down on *Choose a country* under *Find world radio* and click on *Spain*. Click on *Go*, then click on *Cadena Cope 100.7 FM*. Write down the names of three programs you might like to listen to.

   a) _____

   b) _____

   c) _____

2. Click on *Escuche Cope* and listen to the show that is playing. Write down ten words you understand.

   a) _____   f) _____

   b) _____   g) _____

   c) _____   h) _____

   d) _____   i) _____

   e) _____   j) _____

   Can you figure out what they are talking about?

   _____

3. Now go back to the *Radio-locator* page and select *Argentina*. Find two stations you might like to listen to. What city (cities) are they located in? What is their format?

   _____

   _____

   _____

Dicho y hecho: Cuaderno de ejercicios escritos

7 De compras

CAPÍTULO

Así se dice

De compras

7-1. Crucigrama

Horizontal

1. Donde las mujeres llevan su dinero, gafas, etc.

2. Necesitamos esto cuando llueve.

3. Tipo de abrigo que llevamos cuando llueve.

4. Lo contrario de **corto**.

5. Cuando hace mucho, mucho frío, debemos llevar un suéter y un...

6. Lo que las mujeres llevan a una fiesta muy elegante.

7. La joya que adorna el cuello (*neck*).

8. Lo que miramos para saber la hora.

9. Llevamos un par de éstas cuando nieva. No son zapatos.

10. A un restaurante elegante, los hombres llevan chaqueta y...

11. Las mujeres las llevan con vestidos y zapatos elegantes. No son calcetines.

12. Lo que llevamos en las manos cuando hace frío.

Vertical

13. En la playa, las mujeres lo llevan en la cabeza (*head*) para protegerse del sol.

14. Llevamos un par de éstos todos los días. No son botas.

15. Las mujeres llevan blusa. Los hombres llevan...

16. Combinación de chaqueta y pantalones.

17. Frecuentemente es de cuero. Los hombres lo llevan con los pantalones.

18. Los jugadores de béisbol la llevan en la cabeza.

19. Una pequeña joya circular.

20. Los recibimos de la familia o de amigos para nuestro cumpleaños.

7-2. Lea el anuncio y complete el siguiente ejercicio.

Lloyd's Formal Wear

ALQUILER Y VENTA DE SMOKINGS
PARA TODAS LAS OCASIONES

- Estilos Tradicionales y de Diseñadores
- Nos especializamos en trajes formales y smokings
- Vestidos y trajes hechos a la medida
- Alteraciones por expertos para mujeres y hombres
- Invitaciones para toda ocasión
- Vestidos de niñas y niños para bautizos y primera comunión
- Vestidos para quinceañeras

DESCUENTOS PARA ESTUDIANTES

VISA   MasterCard   **M metro**

Más de 25 años de experiencia
SE HABLA ESPAÑOL

(703) 522-7222

3033 Wilson Blvd. • Arlington, VA
(Directamente al frente del Metro de Clarendon)

Smoking del novio GRATIS con grupos de seis o más

PRECIOS CÓMODOS

1. Haga una lista de ocho palabras del anuncio que sean muy similares a su equivalente en inglés. Traduzca las palabras al inglés.

español	inglés		español	inglés
a) _____ _____		e) _____ _____	
b) _____ _____		f) _____ _____	
c) _____ _____		g) _____ _____	
d) _____ _____		h) _____ _____	

2. ¿Qué verbo asocia usted con la palabra **venta**? _____

3. La tienda ofrece **venta** de smokings y **alquiler** de smokings. ¿Puede usted adivinar (*guess*) lo que significa **alquiler** en inglés?

alquiler = _____

4. La palabra **quinceañeras** es una combinación de dos palabras. ¿Cuáles son?

_____ _____

(**Quiceañeras** son muchachas que cumplen quince años. En México y en otros países del mundo hispano se celebra esta ocasión con una fiesta muy especial.)

5. El anuncio dice que el smoking del novio es **gratis** con grupos de seis o más. ¿Puede usted adivinar lo que significa **gratis** en inglés?

gratis = _____

6. ¿En qué tipo de ropa formal se especializa Lloyd's Formal Wear?

_____

7. ¿Qué otras cosas ofrecen?

_____

8. ¿Le gusta a usted llevar ropa formal?

_____

9. Si va a la boda (*wedding*) de un/a amigo/a, ¿qué ropa lleva usted?

_____

Así se dice
La transformación de Carmen

7-3. Complete las oraciones con palabras apropiadas de esta sección.

1. La _____ puede ser extragrande, grande, mediana o pequeña.

2. Cuando no podemos ver bien, necesitamos _____ o

_____.

3. Lo opuesto de limpio es _____.

4. Donde ponemos la ropa es el _____.

5. Algunas joyas caras son de _____ o

_____.

6. La manga de una blusa o camisa puede ser _____ o

_____.

7-4. Complete las oraciones con formas de los verbos en el cuadro.

buscar   mirar   ver

1. Cuando caminamos por el centro, siempre _____
a muchas personas.

2. Julia siempre _____ las joyas en el escaparate de la
joyería La Perla con mucho interés.

3. No sabemos dónde está la estación de metro; vamos a

_____ la.

4. Esta tarde vamos al cine a _____ una película.

Estructuras

1. Emphasizing possession: Possessive adjectives and pronouns

7-5. Indique de quién son las siguientes cosas. Conteste las preguntas.

Modelo: Ese impermeable gris, ¿es de Susana?
Sí, es *suyo*.

1. Ese reloj, ¿es tuyo?

_____

2. Esas gafas de sol, ¿son tuyas?

_____

3. Ese bolso azul, ¿es de Anita?

_____

4. Esa cartera negra, ¿es de Pedro?

_____

5. Esas camisetas, ¿son de ustedes?

_____

6. Esos sombreros de playa, ¿son de ustedes?

_____

7-6. ¿Cómo se dice en español?

1. A friend (*f.*) of mine is wearing my jacket.

_____

2. Whose is this red umbrella? Is it yours (*familiar*)?

_____

3. It's not mine. It's Ana's.

_____

4. Her raincoat is here also.

_____

7-7. ¿De quién son los pantalones? Complete la conversación.

Antonio Miguelito Julia José

ANTONIO: ¡Estos pantalones son _____!

MIGUELITO: No son _____. ¡Son

_____!

JULIA: Los pantalones no son _____. ¡Es obvio que

son de _____!

Estructuras

2. Expressing actions in the past: The preterit of irregular verbs

7-8. Escriba preguntas con la siguiente información. Use formas del **tú**. Escoja (*Choose*) el verbo de la lista que corresponda a la información.

> estar   hacer   poder   saber   tener que   traer

Modelo: trabajar / hoy
¿Tuviste que trabajar hoy?

1. la tarea / anoche

_____

2. hablar con la profesora / ayer

_____

3. las fotos de México a clase / hoy

_____

4. en la fiesta de la clase / el sábado

_____

5. que Juan sacó una "A" en todas sus clases / este semestre

_____

7-9. Imagine que usted y sus amigos hicieron un viaje (*took a trip*) a las montañas. Narre la aventura. Escoja de la siguiente lista el verbo que corresponda a cada oración. Escriba la forma correcta del verbo (tiempo pretérito) en el espacio en blanco.

> estar   hacer   poder   poner   tener   traer   venir

1. Un amigo mío _____ un viaje a las montañas el mes pasado.

(Nosotros) _____ el mismo (*same*) viaje el sábado pasado.

2. De acuerdo con (*As per*) nuestros planes, mis amigos _____ a mi apartamento a las ocho de la mañana.

Copyright © 2004 John Wiley & Sons, Inc.

3. Mis amigas Dulce y Ana _____ la comida y las bebidas.

4. (Yo) _____ nuestras mochilas, chaquetas y botas en el Jeep.

5. El primo de Dulce no _____ venir. Se quedó (*He stayed*) en casa.

6. (Nosotros) _____ en las montañas caminando y explorando por unas seis o siete horas.

7. (Nosotros) _____ que regresar ese mismo día. En otra ocasión queremos acampar allí.

7-10. Lea el mensaje electrónico que Anita y Elena le escriben a Pablo. Luego, imagine que usted es Pablo. Conteste las preguntas que sus amigas le hacen. ¡Sea creativo/a en sus respuestas!

De: Anita@ole.com, Elena@ole.com
Para: Pablo@ole.com
CC:
Asunto: Te esperamos

Querido Pablo:
Elena y yo estamos un poco preocupadas. ¿Dónde estuviste anoche? Te esperamos media hora y luego nos fuimos al centro sin ti. También llamamos a tu apartamento. ¿Tuviste alguna emergencia? ¿Adónde fuiste?

Tus amigas,
Anita y Elena

1. _____

2. _____

3. _____

Estructuras

3. Indicating to whom or for whom something is done: Indirect object pronouns

7-11. Una tía suya, muy generosa, les regaló a todos los miembros de la familia lo que pidieron. Indique lo que su tía le regaló a cada persona.

> **Modelo:** mi hermana / un abrigo
> **Mi tía *le regaló* un abrigo.**

1. yo / una chaqueta _____

2. mis padres / botas _____

3. tú / un reloj _____

4. mi hermana / una bolsa _____

5. nosotros / suéteres _____

7-12. Indique lo que usted hizo después de volver de su viaje a México. Escriba oraciones con las palabras indicadas. Use el pronombre de complemento indirecto.

> **Modelo:** mostrar / el álbum de fotos a mamá
> ***Le* mostré el álbum de fotos a mamá.**

1. regalar / una bolsa a mi amiga Linda

_____

2. mandar / unos regalos a mis primos

_____

3. mostrar / las fotos a mi tía

_____

4. devolver / la cámara a mi padre

_____

5. contar / mis aventuras a mis abuelos

_____

Dicho y hecho: Cuaderno de ejercicios escritos

6. traer / una camiseta a mi hermana

_____

7. dar / un mapa de México a la profesora

_____

7-13. Imagine que es Navidad y que usted decidió regalarles ropa a todos. Diga lo que le va a regalar a las siguientes personas.

1. A mi mamá *le* _____

2. A mis hermanos _____

3. A ti _____

4. A mi abuelito _____

5. A mi novia/o _____

Estructuras

4. Answering *Who?*, *What?*, and *To/For whom?*: Direct and indirect object pronouns combined

7-14. Imagine que un amigo le hace muchas preguntas a usted. Contéstele usando los pronombres de complemento directo e indirecto.

> **Modelo:** ¿Quién te dio ese regalo? (mi amiga)
> **Mi amiga *me lo* dio.**

1. ¿Quién te mandó ese paquete? (mi abuela)

_____

2. ¿Quién te escribió esa tarjeta postal? (mi hermana)

_____

3. ¿Quién te prestó esos binoculares? (mi tía)

_____

4. ¿Quién te dio la nueva dirección de Camila? (Jorge)

_____

5. ¿Quién te contó lo que pasó anoche? (Carmen)

_____

6. ¿Quién te dijo que hay una fiesta esta noche? (Óscar)

_____

7-15. Natalia viajó al Perú. Escribió una lista de lo que va a hacer al volver a casa. Conteste las preguntas según la información de la lista.

> **Modelo:** ¿Qué va a hacer ella con el poncho?
> **Va a regalárselo a Óscar.**

1. ¿Qué va a hacer con los anillos?

_____

2. ¿Qué va a hacer con la pulsera?

_____

3. ¿Qué va a hacer con las fotos de Cuzco?

_____

4. ¿Qué va a hacer con el mapa de Perú?

_____

5. ¿Qué va a hacer con la mochila?

_____

6. ¿Qué va a hacer con la cámara?

_____

Al volver a casa...

regalar:
   el poncho – Óscar
   los anillos – Elena y Sonia
   la pulsera – hermanita

mostrar:
   las fotos de Cuzco – abuelos
   el mapa de Perú – la profesora Serra

devolver:
   la mochila – Juan
   la cámara – mamá

7-16. Dos amigas hablan. Complete las oraciones.

MARÍA: Juanita, ¿quién _____ mandó las flores?

JUANITA: Alejandro _____ _____ mandó.

MARÍA: ¿Vas a mostrár _____ a tus papás?

JUANITA: Sí, _____ _____ voy a mostrar ahora mismo.

Dicho y hecho: Cuaderno de ejercicios escritos

Repaso general

7-17. Conteste las preguntas con oraciones completas.

1. ¿Quién le regaló a usted el reloj que lleva?

_____

2. ¿Le compró usted a su madre un regalo de cumpleaños? (¿Qué le compró?)

_____

3. La última vez que usted habló con ella, ¿le contó algunos incidentes de su vida universitaria?

_____

4. Hablando de su vida universitaria... ¿Dónde estuvo usted anoche?

_____

5. ¿Qué hizo usted el fin de semana pasado?

_____

6. ¿Qué tuvo usted que hacer ayer?

_____

7-18. Inés y Camila van a la fiesta de cumpleaños de Carmen.

Describa:

- la ropa que llevan;
- lo que hicieron en preparación para la fiesta (**comprarle**, **hacerle**...);
- lo que hacen ahora;
- lo que hacen en la fiesta (**darle, decirle**,...).

_____

_____

_____

_____

_____

_____

_____

Check your answers with those given in the *Answer Key* and make all necessary corrections with a pen or pencil of a different color.

Dicho y hecho: Cuaderno de ejercicios escritos

Internet Discovery

YupiMSN

Established in 1996, Yupi is a well-known Spanish-language Web portal with its own search engine that links to over 150 million Web pages. You can also limit your search to one Spanish-speaking country or open it up to many Spanish-speaking countries. Recently Yupi became part of the MSN network and offers four regional services.

1. Go to the **Dicho y hecho** Book Companion Website @ www.wiley.com/college/dawson and follow the link to the *YupiMSN* website. What are the four regions that this service covers?

   a) _____

   b) _____

   c) _____

   d) _____

2. Choose a region and click on it. Then study the home page for that region. Are you a sports fan? Click on *Deportes*. What kinds of sports are listed in the left-hand column? Write down four.

   a) _____

   b) _____

   c) _____

   d) _____

3. Return to the home page and click on *Compras*. What types of products are for sale? Write down a category that interests you.

   _____

   _____

4. Go back to the home page. How do you send a postcard from this site? Follow the *Postales* link and send a postcard to a friend or family member.

5. Return to the home page and look for a Mexican restaurant in Chicago. Write
down the name.

_____

6. Now go back to the home page again. What other services does the website offer?
Write down three.

a) _____

b) _____

c) _____

Dicho y hecho: Cuaderno de ejercicios escritos

CAPÍTULO 8 **La salud**

Así se dice

La salud

8-1. Crucigrama

[crossword grid]

Horizontal

1. Lo contrario de **pararse** (*to stand up*).

2. Lo contrario de **salir** de un lugar.

3. El cuarto en el hospital donde se queda el paciente.

4. Persona enferma que va al consultorio de la médica.

5. Se pone en la parte herida del cuerpo (*body*) para darle protección.

6. Se usan para caminar cuando una persona tiene fractura o lleva yeso.

7. Porción grande del aparato digestivo, entre el esófago y el intestino.

8. Profesional que va en las ambulancias y ayuda (*helps*) a las víctimas de accidentes, ataques cardíacos, etc.

9. Sirve para dormir o descansar, en casa, en el hospital o en un hotel.

10. Órganos de la respiración de los humanos y de ciertos animales.

11. El acto de ponerse (*to become*) enfermo.

Vertical

5. Virus que se inocula para que la persona no contraiga una enfermedad.

12. Efecto de inyectar.

13. Durante los nueve meses antes del nacimiento (*birth*) de un bebé, la mujer está...

14. Vehículo destinado al transporte de heridos o enfermos.

15. Se usa para tomar la temperatura.

16. Perforación en un cuerpo vivo, que con frecuencia produce sangre.

17. Órgano impulsor de la circulación de la sangre.

18. El acto de sentirse (*feel*) intranquilo o preocupado, por ejemplo, antes de un examen.

Así se dice

El cuerpo humano

8-2. Complete las oraciones con palabras apropiadas de esta sección.

1. El elefante "Dumbo" tiene las _____ muy grandes.

2. Pinocho tiene una _____ muy larga.

3. Para hablar y comer usamos la _____.

4. El dentista nos limpia los _____.

5. Para besar usamos los _____.

6. Para ver usamos los _____.

7. Para tocar el piano usamos las _____ y los

_____.

8. Para levantar pesas usamos los _____.

9. Para correr usamos las _____ y los

_____.

Dicho y hecho: Cuaderno de ejercicios escritos

Estructuras

1. Giving direct orders and instructions to others: *Ud./Uds.* commands

8-3. Usted es médico/a y algunos de sus pacientes tienen problemas. Seleccione y escriba la recomendación apropiada para cada uno.

MÁS VALE...

Mantenga un comportamiento sexual sano y una adecuada higiene.

Evite un exceso de peso y coma frecuentemente fruta, cereales y legumbres.

No consuma tabaco y respete al no fumador.

Modere su consumo de bebidas alcohólicas.

Consulte al médico en caso de: Aparición de un bulto, llaga o herida que no cicatriza y cambio de color de un lunar o verruga.

Más del 75% de los diferentes tipos de CÁNCER son potencialmente evitables si nos alejamos de sus agentes causantes.

Protéjase durante la exposición al sol.

PREVENIR
QUE LAMENTAR...

1. Pablo Fernández fuma mucho: *No consuma...* _____

_____

2. A María Luisa Roldán le gusta tomar mucho vino y cerveza: _____

_____

3. A Camila Rodríguez le encanta tomar el sol: _____

_____

4. A Francisco Peña le gusta consumir comida "rápida" y comida frita; está un poco

gordo: _____

_____

5. A Lolita Serrano le gusta ir a muchas fiestas y salir con una variedad de
compañeros:

_____

_____

8-4. Su profesor/a está enfermo/a. Recomiéndele lo que debe hacer.

> **Modelo:** no trabajar mucho
> **No trabaje mucho.**

1. volver a casa ahora _____

2. descansar _____

3. beber líquidos _____

4. tomar aspirinas _____

5. acostarse temprano _____

6. no venir a la universidad mañana _____

7. hacer una cita con su médico/a _____

8-5. Usted es el/la gerente (*manager*) de un almacén. Dígales a los empleados lo que deben o no deben hacer.

> **Modelo:** no levantarse tarde
> **No se levanten tarde.**

1. llegar al trabajo a tiempo

_____

2. traer su almuerzo o...

_____

3. almorzar en la cafetería del almacén

_____

4. repetir: «No se puede fumar en el almacén»

_____

5. quedarse en el almacén todo el día

_____

6. no salir antes de las cinco de la tarde

_____

7. poner la ropa en los escaparates todas las mañanas

_____

8. hacer su trabajo de una manera eficiente

_____

9. no preocuparse del salario

_____

10. hablar conmigo si hay problemas

_____

Así se dice

Su salud

8-6. Indique los síntomas para cada una de las siguientes enfermedades. Escoja de la lista. Es posible repetir síntomas.

cansancio (se cansa)	dolor de estómago	escalofríos	náuseas
congestión nasal	dolor de garganta	estornudar	tos
dolor de cabeza	diarrea	fiebre	vómitos

1. Problemas estomacales y del sistema digestivo: _____

_____

_____

2. Gripe: _____

_____

3. Alergias: _____

4. Resfriado y bronquitis: _____

_____

8-7. Lea el aviso y conteste las preguntas.

Dicho y hecho: Cuaderno de ejercicios escritos

1. En la frase: "**pastillas**... para gargantas irritadas..." ¿Puede usted adivinar lo que significa en inglés la palabra **pastillas**?

   pastillas = _____

2. En la frase: "En deliciosos **sabores** concentrados: Miel-limón, Mentol-eucalipto, Cereza..." ¿Qué significa en inglés la palabra **sabores**?

   sabores = _____

3. En la frase: *"Robitussin* **ayuda** a **aliviar** las irritaciones causadas por gripe o resfriado..." ¿Qué significan en inglés las palabras **ayuda** y **aliviar**?

   ayuda = _____; **aliviar** = _____

4. ¿Para qué tipo de dolor o irritación son las pastillas de *Robitussin*?

   _____

5. ¿Qué sabores ofrecen (*do they offer*)?

   _____

6. ¿Cuáles son algunas de las causas de la irritación de garganta?

   _____

Estructuras

2. Describing in the past: The imperfect

8-8. Indique lo que ocurría cuando usted pasaba los veranos en la casa de sus abuelos. Complete las oraciones con la forma correcta del verbo en el imperfecto.

1. Siempre (yo) _____ (dormir) en una cama grande.

2. Todos los días, mi hermano y yo _____ (correr) por el

   jardín y _____ (jugar) con el perro.

3. A veces (nosotros) _____ (plantar) flores en el jardín.

4. Con frecuencia (yo) _____ (nadar) en el lago con mi abuelo.

5. Todas las tardes mi abuela nos _____ (preparar) galletas deliciosas.

6. En los picnics (nosotros) _____ (comer) el famoso

pollo frito de mi abuela y _____ (tomar) limonada.

7. Siempre lo (nosotros) _____ (pasar) bien cuando

_____ (estar) con ellos.

8. Mis abuelos _____ (ser) fantásticos.

8-9. Indique lo que usted hacía o no antes, y lo que hace o no ahora para mejorar la salud. Complete las oraciones con la forma correcta del verbo.

1. Antes _____ (comer) mucha comida rápida. Ahora no la

_____ .

2. Antes no _____ (hacer) ejercicio todos los días. Ahora sí lo

_____ .

3. Antes no _____ (tomar) vitaminas. Ahora sí las

_____ .

4. Antes sólo _____ (dormir) cuatro o cinco horas cada

noche. Ahora _____ siete u ocho.

5. Antes _____ (pasar) muchas horas frente a la tele. Ahora

_____ más tiempo afuera, en el jardín.

8-10. Escriba lo que Don Ernesto les dice a Antonio y a Miguelito acerca de lo siguiente:
- cómo era (descripción) cuando era joven;
- lo que hacía o no cuando era joven;
- las cosas que tenía o no.

¡Sea creativo!

Don Ernesto

Miguelito

Antonio

Cuando era joven... _____

_____

_____

_____

Estructuras

3. Talking about and describing persons, things, and actions in the past: The imperfect and the preterit

8-11. Indique lo que pasaba en la rutina de la enfermera y lo que pasó en ciertas ocasiones. Complete las oraciones usando el pretérito o el imperfecto según la situación.

1. Todas las mañanas la enfermera _____ (hablar) con los

   pacientes. Ayer _____ (tener) un día muy malo y no

   _____ (hablar) con nadie.

2. Siempre _____ (despertar) a los pacientes a las seis y

   media de la mañana, pero esta mañana _____

   (despertarlos) ¡a las nueve!

3. Hoy _____ (tomarles) la temperatura a los pacientes. Con

   frecuencia _____ (tomarles) la presión arterial.

4. Casi nunca _____ (ponerles) inyecciones a los pacientes, pero

   ayer hubo una emergencia y _____ (ponerle) una

   inyección a un paciente muy enfermo.

5. Casi siempre _____ (darles) los medicamentos a los

   pacientes a las ocho y media de la noche, pero anoche _____

   (dárselos) a las nueve y media.

6. Ayer _____ (salir) del trabajo a las diez. Normalmente

   _____ (salir) del trabajo a las ocho.

8-12. Narre la historia de esta niña y de su abuela. Complete las oraciones con los verbos en el pretérito o en el imperfecto según el contexto.

1. _____ (ser) una tarde bonita.

2. _____ (hacer) sol.

3. _____ (ser) las cinco de la tarde.

4. Una niña _____ (caminar) por el bosque.

5. _____ (llevar) un vestido rojo y una bolsa grande.

6. _____ (ir) a la casa de su abuela todos los sábados para visitarla.

7. Aquel día, cuando _____ (llegar) a la casa de su abuela,

   la niña _____ (abrir) la puerta y

   _____ (entrar) en la casa.

8. Su abuela _____ (estar) en la cama durmiendo y esperaba a la niña.

9. ¡Ay! ¡Su abuela _____ (tener) la nariz muy grande y la boca enorme con muchos dientes!

10. La niña _____ (tener) miedo y

    _____ (salir) de la casa corriendo.

8-13. Complete las preguntas con la forma correcta del verbo, y luego contéstelas según la historia de la niña y el lobo (*wolf*). Refiérase al Ejercicio 8-12.

1. ¿Qué _____ (hacer) el lobo allí?

   _____

2. ¿_____ (dormir) el lobo cuando la niña

   _____ (llegar)?

   _____

3. ¿Qué _____ (hacer) la niña cuando

   _____ (ver) el lobo?

   _____

Estructuras

4. Indicating how long an action has been going on or how long ago it happened: *Hacer* with expressions of time

A. *Hacer* to express how long an action has been going on

8-14. Los estudiantes están en la residencia estudiantil. ¿Cuánto tiempo hace que ocurren las siguientes cosas? Escriba oraciones con las palabras indicadas. Use la forma **hace + tiempo + que...** Luego escriba el equivalente en inglés.

1. una hora / Esteban / dormir

   _____

   _____

2. dos horas / Natalia / ver videos

   _____

   _____

3. treinta minutos / (nosotros) / hablar por teléfono

   _____

   _____

4. dos días / (yo) / estudiar para el examen de biología

   _____

   _____

B. *Hacer* to express *ago*

8-15. Usted le pregunta a su amigo cuándo ocurrieron las siguientes cosas. Él responde.
Escriba la pregunta y la respuesta.

> **Modelo:** (tú) / ir a emergencias / dos meses
> USTED: **¿Cuándo fuiste a emergencias?**
> ÉL: **Fui hace dos meses.**

1. (tú) / fracturarte la pierna / dos meses

   USTED: _____

   ÉL: _____

2. el médico / ponerte el yeso / dos meses

   USTED: _____

   ÉL: _____

3. el médico / quitarte el yeso / dos semanas

   USTED: _____

   ÉL: _____

4. (tú) / aprender a usar las muletas / una semana

   USTED: _____

   ÉL: _____

5. el médico / sacarte la última radiografía / dos días

   USTED: _____

   ÉL: _____

6. (tú) / empezar el programa de fisioterapia / tres días

   USTED: _____

   ÉL: _____

Repaso general

8-16. Conteste las preguntas con oraciones completas.

1. ¿Qué hacían los médicos y las enfermeras todas las mañanas en el hospital?

_____

2. ¿Qué hizo la médica cuando un paciente gravemente herido fue a verla?

_____

3. Cuando usted era niño/a, ¿quién era su médico/a? ¿Cómo era? ¿En qué ocasiones lo/la veía usted?

_____

_____

4. ¿Qué instrucciones le daba su médico/a? (Mandatos de **usted**)

_____

5. Cuando usted era niño/a, ¿qué hacía durante los veranos?

_____

6. Cuando usted estaba en la escuela secundaria, ¿qué hacía cuando no estaba estudiando?

_____

7. ¿Hace cuánto tiempo que usted empezó a estudiar español?

_____

8. ¿Hace cuánto tiempo que usted vive en la misma ciudad?

_____

8-17. Describa la escena. Use el imperfecto y el pretérito.

Incluya:

- dónde estaban los estudiantes;
- qué estación era (probablemente) y qué tiempo hacía;
- qué hora era probablemente;
- descripción de los estudiantes y del lugar;
- lo que ellos (y el perro) hacían;
- y la serie de acciones que ocurrieron después de que empezó a llover.

¡Use la imaginación!

_____

_____

_____

_____

_____

_____

_____

_____

Check your answers with those given in the *Answer Key* and make all necessary corrections with a pen or pencil of a different color.

Internet Discovery

Webspañol's Spanish-English Idioms and Sayings

Webspañol's stated mission is to promote "the study and appreciation of the Spanish language by utilizing a variety of Internet sources." *Spanish-English Sayings* is one of the many features of *Webspañol's* extensive site. Native speakers of a language frequently use sayings or adages in their daily conversation. But the meaning of these sayings is often not obvious to the nonnative speaker. This website gives you the equivalent sayings in Spanish and English. You access the sayings by the first letter of the adage.

1. Go to the **Dicho y hecho** Book Companion Website @ www.wiley.com/college/dawson and follow the link to the *Webspañol* website. Click on the *Idioms* link and look up the following saying: *Camarón que se duerme, se lo lleva la corriente.* What is the literal translation? What is the English equivalent?

LITERAL TRANSLATION: _____

ENGLISH EQUIVALENT: _____

2. Now look up another saying: *Caras vemos, corazones no sabemos.* What is the literal translation? What is the English equivalent?

LITERAL TRANSLATION: _____

ENGLISH EQUIVALENT: _____

3. Can you find the English equivalent of *Le patina el coco?*

_____

4. Scroll through the list of sayings. Write down one that you can apply to yourself or someone you know.

_____

5. Don't forget to take the online test. Click on *Online Test* in the bottom right square. Click *Next question* and off you go! How many answers did you get right?

_____

CAPÍTULO **9**

Así es mi casa

Así se dice

Así es mi casa

9-1. Crucigrama

Horizontal

1. Un tipo de sillón largo que se encuentra en la sala.

2. El aparato que da luz. Lo ponemos en la mesa o en el escritorio.

3. El aparato en la cocina que conserva comida a baja temperatura.

4. Una silla muy grande y confortable.

5. El aparato en que vemos programas de televisión.

6. El mueble en que dormimos.

7. El lugar de la casa donde hacemos fuego cuando hace frío.

8. El cuarto o dormitorio donde dormimos.

9. Lo que divide o separa los cuartos de la casa.

10. El cuarto donde encontramos el inodoro y la bañera.

11. El cuarto donde comemos, especialmente en ocasiones formales.

12. Lo que se usa con agua para lavarse las manos.

13. El lugar donde estacionamos el carro.

14. Cristal en que se reflejan los objetos.

15. La parte de la casa que la cubre (*covers it*) y la protege de la lluvia.

16. Una pintura que ponemos en la pared.

17. Lo contrario de **bajar**.

Vertical

1. El cuarto donde descansamos, hablamos con nuestros amigos o vemos la tele.

5. Lo que usamos para secarnos después de salir de la ducha o de la bañera.

6. Lo que ponemos en las ventanas para decorarlas.

7. El mueble donde guardamos calcetines, ropa interior, camisetas, etc.

18. El lugar donde guardamos los trajes, los pantalones, los vestidos, las camisas, etc.

19. Cuando no queremos poner agua en la bañera, podemos tomar una...

20. Lo que ponemos en el suelo para cubrirlo o decorarlo.

21. El mueble donde guardamos libros, el televisor, etc.

Dicho y hecho: Cuaderno de ejercicios escritos

22. Lo que usamos para subir del primer piso al segundo.

23. Donde ponemos la alfombra. Sinónimo de **piso**.

24. Está en el baño. Lo usamos varias veces todos los días.

25. El cuarto donde cocinamos.

26. Lo contrario de **subir**.

27. Donde nos lavamos las manos y la cara.

28. El lugar en el baño donde nos bañamos.

29. En la cocina, donde lavamos los platos.

9-2. Primero, escriba el nombre del objeto. Luego, escriba dos palabras (bebidas, comidas, etc.) que usted asocia con el objeto.

Modelo: **la copa**
el vino
el champaña

1. _____

_____

_____

2. _____

_____

_____

3. _____

_____

_____

4. _____

_____

_____

5. _____

_____

_____

6. _____

_____

_____

9-3. Complete las oraciones con palabras de esta sección para saber cómo es el apartamento de José.

1. Yo no tengo casa, por eso debo _____ un apartamento.

2. La _____ de mi apartamento es una señora muy simpática.

3. Me gusta el lugar y no tengo deseos de _____.

4. Para lavar debo ir al sótano donde están la _____ y la

   _____.

5. Hay un pequeño _____ con flores frente al edificio.

6. No tengo muchos _____, pero el sofá es muy cómodo. Es mi cama también.

7. Estoy acostumbrado a los _____ de los coches y de las personas porque estoy en el primer piso.

8. Cuando llego de la universidad por la noche, _____ el radio y hago la cena. Después estudio o hablo con amigos. No está mal mi apartamento.

Así se dice

Los quehaceres domésticos

9-4. Cuando usted era estudiante de la escuela secundaria, ¿quién hacía los siguientes quehaceres?

Modelo: hacer las compras
Mi madre hacía las compras.

1. lavar el coche

   _____

2. limpiar los baños

   _____

Copyright © 2004 John Wiley & Sons, Inc.

3. quitar la mesa

_____

4. cortar el césped

_____

5. darle comida al perro/gato

_____

9-5. ¿Qué hizo usted en el apartamento antes de la llegada de su novio/a? Combine el verbo de la columna **A** con la información correspondiente de la columna **B**. Luego, escriba una oración completa con el verbo en el pretérito.

A	B
1. pasar	las camas
2. hacer	los platos
3. sacar	a preparar la cena
4. lavar y secar	la mesa
5. poner	el estéreo
6. apagar	la basura
7. prender	el televisor
8. empezar	la aspiradora

1. _Pasé la aspiradora._ _____

2. _____

3. _____

4. _____

5. _____

6. _____

7. _____

8. _____

9-6. Lea el siguiente anuncio y luego conteste las preguntas.

Electrodomésticos San Rafael

Venga y visite el centro más grande de electrodomésticos en San Rafael de Dos Ríos. Le ofrecemos todo lo que su hogar requiere. Contamos con la más amplia variedad de:

Lavadoras	*Cafeteras eléctricas*
Secadoras	*Tostadores*
Refrigeradores	*Extractores de jugo*
Microondas	*Licuadoras*
Hornos	*Batidoras*
Lavaplatos	*Aspiradoras*

y cualquier aparato eléctrico imaginable para sus necesidades en el hogar. Llámenos, escríbanos o visítenos.

Calle Santa Lucía 165,
Teléfono 231-777-0909
Correo electrónico electromesticos@ole.com

---

1. Si las **batidoras** son aparatos eléctricos que mezclan (*mix*) los ingredientes para hacer pasteles, pan etc., ¿cuál es el equivalente en inglés?

   _____

2. A usted le gusta tomar café. ¿Qué debe comprar? _____

3. A usted le gusta el pan tostado. ¿Qué debe comprar? _____

4. Su casa o apartamento tiene alfombras que necesitan limpieza. Usted probablemente necesita una _____ nueva.

5. ¿Qué electrodoméstico necesita usted para licuar unos tomates?

   _____

6. Su mejor amigo/a compra una nueva casa. ¿Qué electroméstico le puede comprar como regalo y por qué?

   _____

   _____

Dicho y hecho: Cuaderno de ejercicios escritos

Estructuras

1. Giving orders and advice to family and friends: *Tú* commands

A. Affirmative *tú* commands

9-7. Una abuela le da consejos (*advice*) a su hijo que acaba de tener su primer niño. ¿Qué debe hacer él para ser buen padre? Cambie cada verbo al mandato de **tú** afirmativo.

> **Modelo:**   abrazarlo
> **Abrázalo.**

1. pasar tiempo con él

_____

2. jugar con él

_____

3. leerle cuentos

_____

4. escucharlo

_____

5. ser cariñoso con él

_____

6. enseñarle las cosas importantes de la vida

_____

7. tener paciencia con él

_____

8. decirle que lo quieres mucho

_____

B. Negative *tú* commands

9-8. Según las declaraciones de su compañero/a de apartamento, dígale lo que *no* debe hacer. Escriba un mandato negativo en la forma de **tú**. Escoja el verbo apropiado de la lista.

comértelo	devolverlo	irte	lavarla	tocarlas	usarlo

> **Modelo:** El estéreo no funciona.
> **No lo uses.**

1. Hace más de un mes que el pollo frito está en el refrigerador.

_____

2. Las cervezas en el refrigerador son un regalo para papá.

_____

3. Quiero ver otra vez el video que alquilamos.

_____

4. La ropa que está encima de la lavadora está limpia.

_____

5. Regreso a las ocho y tengo una sorpresa para ti.

_____

9-9. Indíquele a su compañero/a de cuarto lo que debe y lo que no debe hacer según la siguiente información. Escriba el mandato de **tú** afirmativo y negativo. Siga el modelo.

> **Modelo:** volver a la residencia más temprano / no... tan tarde
> **Vuelve a la residencia más temprano.**
> **No vuelvas tan tarde.**

1. levantarte más temprano / no... tan tarde

_____

2. acostarte más temprano / no... tan tarde

_____

3. apagar el televisor / no... la computadora

_____

4. poner tus cosas en el ropero /no... en el suelo

_____

5. decirme la verdad (*truth*) / no... mentiras (*lies*)

_____

6. ir a clase / no... al centro estudiantil

_____

7. salir con tus amigos / no... con esas personas

_____

8. llevar tu ropa / no... la mía

_____

Estructuras

2. Saying what has happened: The present perfect

9-10. Usted regresa a la universidad un domingo por la noche después de haber pasado una semana afuera. ¿Qué ha ocurrido? Escriba oraciones con la siguiente información.

Modelo: Rubén / vender su computadora
Rubén ha vendido su computadora.

1. Esteban / limpiar su apartamento. ¡Qué sorpresa!

_____

2. Camila / recibir un cheque y comprarse un estéreo

_____

3. Alfonso y Natalia / irse a Mt. Palomar para ver el famoso observatorio

_____

4. Linda y Manuel / encontrar trabajo

_____

5. Carmen / escribir un cuento (*story*) original

_____

9-11. Complete el diálogo con formas del presente perfecto.

ANA MARÍA: Susana, Marta me dijo que el esposo de Carmencita no _____

_____ (morir), pero que está muy grave en el

hospital.

SUSANA: ¿Y _____ _____ (ver) a Carmencita?

ANA MARÍA: No. Los vecinos me dijeron que últimamente no _____

_____ (estar) en la casa. La pobre se pasa todo el

tiempo con él en el hospital.

SUSANA: Mira, ahí está el coche de Carmencita. Creo que ya _____

_____ (volver). Vamos a hablar con ella.

9-12. La madre le pregunta a la niña si ha hecho ciertas cosas. La niña simpre contesta
que sí. Escriba las preguntas y las respuestas. Use pronombres directos cuando
sea posible.

Modelos: ordenar tu cuarto
MADRE: **¿Has ordenado tu cuarto?**
NIÑA: **Sí, lo he ordenado.**

cepillarte el pelo
MADRE: **¿Te has cepillado el pelo?**
NIÑA: **Sí, me lo he cepillado.**

1. sacar la basura

MADRE: _____

NIÑA: _____

2. hacer la cama

MADRE: _____

NIÑA: _____

3. terminar los ejercicios de matemáticas

    MADRE: _____

    NIÑA: _____

4. lavarte las manos

    MADRE: _____

    NIÑA: _____

5. cepillarte los dientes

    MADRE: _____

    NIÑA: _____

6. ponerte los zapatos

    MADRE: _____

    NIÑA: _____

Estructuras

3. Saying what had happened: The past perfect

9-13. Las siguientes personas hablan de su viaje (*trip*) a España. Dijeron que nunca habían hecho las acciones indicadas. Escriba oraciones con las siguientes palabras. Use el pretérito y el pasado perfecto según el modelo.

> **Modelo:** Carlos / decir / nunca / ir a España.
> **Carlos dijo que nunca había ido a España.**

1. mis amigos / decir / nunca / visitar la Alhambra

_____

2. (nosotros) / decir / nunca / ver el Estrecho de Gibraltar

_____

3. Carmen / decir / nunca / comer una paella

_____

4. (tú) / decir / nunca / tomar sangría

_____

5. (yo) / decir / nunca / ir a una corrida de toros

_____

Estructuras

4. Making comparisons: Comparisons of equality and inequality

A. Comparisons of equality

9-14. Complete las oraciones con comparaciones de igualdad para saber de qué hablan dos compañeros. Use las expresiones de la lista.

tan... como	tanto/a/os/as... como	tanto como

LUIS: Este semestre ha sido imposible. No sé cómo voy a sobrevivir (_survive_) los exámenes finales.

ARMANDO: Pues, en mis clases daban _____ tarea y _____ pruebas como en las tuyas, pero los profesores míos no son _____ estrictos _____ los tuyos.

LUIS: Sí, no es justo. Yo estudio _____ _____ tú y mis notas frecuentemente son inferiores.

ARMANDO: Es cierto que trabajas _____ _____ yo, o aun más que yo.

LUIS: Estoy preocupado porque el examen de química va a ser _____ difícil _____ el de física, ¡y los dos son el mismo día!

ARMANDO: Pues, mi problema es que tengo _____ exámenes finales _____ tú y no he empezado a estudiar. Pero en este momento creo que no debemos preocuparnos de los exámenes ni de las notas. ¿Quieres ir al cine esta noche?

B. Comparisons of inequality and the superlative

9-15. Compare las dos casas que están de venta. Use comparaciones de desigualdad (**más/menos...**) y comparaciones de igualdad según la situación.

A.

> **SE VENDE CASA**
> Excelente ubicación, a dos cuadras
> de la universidad. 4 dormitorios,
> 2 baños, 2 salas, cocina, comedor,
> garage doble, terraza, jardín.
> Área: 600 mtrs^2
> $250.000 US   Informes: 234-1622

B.

> **Se vende casa**
> Excelente ubicación, a tres cuadras
> de la Universidad Nacional.
> 3 dormitorios, 2^1/$_2$ baños, 2 salas,
> cocina, comedor, garage doble,
> terraza, jardín. Área: 525 mtrs^2
> $175.000 US   Informes: 234-1622

1. (estar / cerca)

La casa A _____ _____ _____ de la universidad

_____ la casa B.

2. (tener / habitaciones)

La casa A _____ _____ _____ _____ la casa B.

3. (tener / baños)

La casa A _____ _____ _____ _____ la casa B.

4. (tener / salas)

La casa A _____ _____ _____ _____ la casa B.

5. (ser / grande)

El garaje de la casa A _____ _____ _____ _____
el garaje de la casa B.

6. (ser / grande)

La casa A _____ _____ _____ _____ la casa B.

7. (ser / cara)

La casa A _____ _____ _____ _____ la casa B.

9-16. Conteste las preguntas, usando formas del superlativo.

1. ¿Quién es la persona mayor de su familia? ¿Cuántos años tiene?

_____

_____

2. ¿Quién es la persona menor de su familia? ¿Cuántos años tiene?

_____

_____

3. ¿Quién es la persona más interesante de su familia? ¿Por qué?

_____

_____

4. ¿Quién es el/la mejor profesor/a de su vida académica? ¿Por qué?

_____

_____

5. ¿Cuál ha sido la mejor/peor experiencia académica de su vida?

_____

_____

6. ¿Cuál ha sido la mejor/peor experiencia personal de su vida?

_____

_____

Repaso general

9-17. Conteste las preguntas con oraciones completas.

1. ¿Qué cosas interesantes había hecho usted antes de venir a esta universidad?

_____

2. ¿Había estudiado español usted antes de venir a esta universidad?

_____

3. ¿Qué cosas interesantes ha hecho usted este semestre/trimestre?

_____

4. ¿Toma usted tantas unidades este semestre/trimestre como el anterior?

_____

5. ¿Es su clase de español más o menos difícil que sus otras clases?

_____

6. ¿Ha visto usted una película interesante recientemente? ¿Cuál?

_____

7. En su opinión, ¿cuál es la mejor película del año?

_____

8. En el futuro, ¿qué tipo de casa desea usted comprar?

_____

_____

9. ¿Cuál de los quehaceres domésticos le disgusta más hacer? ¿Y cuál prefiere hacer?

_____

9-18. Escriba un párrafo sobre la escena. Use la imaginación.

Explique:

- lo que hay en la sala familiar;
- lo que hace la madre/ el padre/ el hijo;
- lo que cada persona ha hecho (probablemente) esta semana;
- lo que había hecho el hijo antes de ver la tele.

_____

_____

_____

_____

_____

_____

_____

Check your answers with those given in the *Answer Key* and make all necessary corrections with a pen or pencil of a different color.

Dicho y hecho: Cuaderno de ejercicios escritos

Internet Discovery

LANIC Website

Sponsored by the University of Texas at Austin, *LANIC* is one of the premier websites for information about Latin America. *LANIC* provides comprehensive information and services, as well as access to its first-rate collections of maps. Its information is organized in a number of main categories, including Economy, Education, Humanities, Recreation, Social Sciences, and Society and Culture.

1. Go to the ***Dicho y hecho*** Book Companion Website @ www.wiley.com/college/dawson and follow the link to the *LANIC* website. Look around the site. What does *LANIC* stand for?

   _____

2. Where would you look to find out what the indigenous peoples of Paraguay are called? Check your answer by using the website to answer the question. Then write the name of the indigenous people of Paraguay below.

   _____

3. Which Latin American country has the most newspapers listed on this site? How did you find the information?

   _____

   _____

4. Now click on *Libraries & Reference → maps → Uruguay.*

   a) What is the name of the body of water that lies in the center of this country?

   _____

   b) What is unique about this body of water?

   _____

10 Amigos y algo más
CAPÍTULO

Así se dice
Amigos y algo más

10-1. Crucigrama

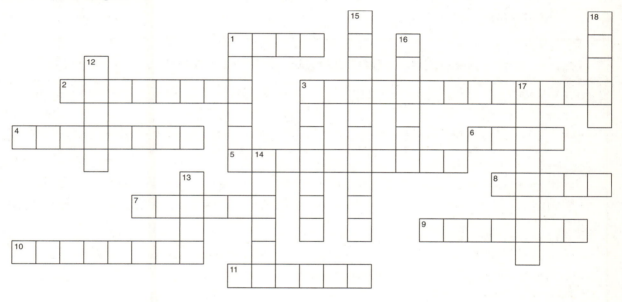

Horizontal

1. El viaje de los recién casados es la luna de...

2. Sinónimo de congregarse. Verse en una reunión.

3. Cuando una pareja decide casarse y el hombre le presenta un anillo a la mujer.

4. Etapa de la vida entre la niñez y la madurez.

5. La condición de una mujer antes de dar a luz a un bebé.

6. La reunión de dos personas a una hora predeterminada.

7. Lo que hacemos cuando estamos tristes y líquido sale de los ojos.

8. El acto de llegar al mundo.

9. Un hombre muy viejo.

10. Etapa de la vida entre el nacimiento y la niñez.

11. Terminar la relación = ... con la persona.

Vertical

1. Término de la vida.

3. El acto oficial de unir dos vidas.

12. La última etapa de la vida, antes de la muerte.

13. Casamiento y fiesta que lo solemniza.

14. Sinónimo de **esposo**.

15. Despertar en uno el sentimiento y la pasión del amor.

16. Dos personas unidas en el sentimiento.

17. Sentir la ausencia de una persona.

18. Etapa de la vida entre la infancia y la adolescencia.

10-2. Lea la noticia sobre una boda que ocurrió en un puente (*bridge*) fronterizo (*border*) entre México y los Estados Unidos. Luego, conteste las preguntas con oraciones completas.

Boda en puente fronterizo entre México y EE.UU.

NUEVO LAREDO, MÉXICO, ABRIL 28.

Para demostrar que al amor no lo detienen fronteras, dos jóvenes van a casarse hoy, con mariachis y todo, en medio del puente internacional que une las ciudades norteamericana de Laredo y mexicana de Nuevo Laredo.

Los protagonistas son Mark Felder, norteamericano de 21 años que vive en Laredo, y María Elena Gutiérrez, mexicana de 16 años que vive en Nuevo Laredo y que va a llegar a la mitad del puente con el típico y largo vestido blanco.

El origen de este hecho está en que, como María Elena es menor, necesita la presencia de sus padres para casarse en Laredo, pero las autoridades estadounidenses les niegan visas a ella y toda su familia.

A su vez, como la jovencita pretende vivir con su esposo en Laredo, la boda tiene que ser del lado estadounidense. De esa manera, el consulado en Nuevo Laredo autorizó el casamiento en la frontera del puente y será reconocido por las autoridades norteamericanas.

Ahora, sí que un mínimo paso en falso... y tendrán que vivir del lado mexicano.

---

1. ¿Qué significan las siguientes palabras?

   demostrar = _____

   detienen = _____

   une = _____

   presencia = _____

   autoridades = _____

   autorizó = _____

2. ¿Quiénes son los protagonistas?

   _____

3. ¿De qué nacionalidad es él? ¿Y ella?

_____

4. ¿Cuántos años tiene él? ¿Y ella?

_____

5. ¿Pueden los padres de María Elena obtener visas para entrar a los EE.UU.?

_____

6. ¿Autorizó el consulado el casamiento en la frontera?

_____

7. ¿Qué simboliza el acto de casarse en la frontera entre dos países? ¿Le gusta a usted la idea?

_____

Así se dice

Hablando del amor...

10-3. Complete la descripción de Damián y Lola con palabras o expresiones de la lista.

acordarse de	olvidarse de	tener celos
amor a primera vista	quejarse	tratar de
cariñoso/a	reírse de	viudo/a
comprensivo/a	soltero/a	

1. Damián era _____. Su esposa había muerto (*had died*) hace dos años.

2. Lola era _____. Nunca se había casado.

3. Cuando los dos se conocieron (*met each other*), fue _____.

4. Damián es un marido ideal. Siempre _____ las fechas importantes, como el cumpleaños de Lola.

5. No _____ cuando Lola va de compras y gasta mucho dinero.

6. Lola también es ejemplar. Siempre _____ los chistes (*jokes*) de Damián.

7. No se enoja cuando Damián _____ de lavar los platos.

8. No _____ cuando Damián dice que las amigas de Lola son muy guapas.

9. Ella es muy _____. Siempre le gusta abrazar a Damián.

10. Él es muy _____. Entiende los sentimientos de ella.

11. Los dos _____ resolver los problemas, en vez de ignorarlos.

Estructuras

1. Talking about each other: Reciprocal constructions

10-4. Lea el mensaje que Lidia le mandó a su amiga Elena. Luego, escriba una lista de lo que pasó en la aventura amorosa de Lidia y Renato. Hay diez pasos (acciones) en total.

De: Lidia@ole.com
Para: Elena@ole.com
CC:
Asunto: buenas noticias

Querida Elena:
Me preguntaste si me divertí durante las vacaciones de primavera...
Pues, el viaje en crucero° fue fenomenal. Además, creo que ¡conocí al amor de mi vida! Se llama Renato. Nos vimos por primera vez en el gimnasio del crucero, y luego nos encontramos por casualidad en la piscina° donde nos pasamos toda la tarde hablando. Esa noche bailamos a la luz de la luna y nos besamos. Los próximos días exploramos juntos varias islas del Caribe. Al final del viaje, nos despedimos con un fuerte abrazo y decidimos comunicarnos todos los días. Vamos a reunirnos muy pronto en la ciudad de Nueva York. Te cuento más esta tarde.

Abrazos,
Lidia

---

cruise

swimming pool

1. <u>Lidia conoció a Renato.</u> _____

2. <u>Se vieron...</u> _____

3. _____

4. _____

5. _____

6. _____

Dicho y hecho: Cuaderno de ejercicios escritos

7. _____

8. _____

9. _____

10. _____

10-5. Alex y Elena hablan de la relación entre Tom y Teresa, dos amigos suyos. Complete las oraciones. Use el pretérito o el imperfecto de los verbos entre paréntesis, según el contexto.

ALEX: Cuando Tom y Teresa _____ (ser) novios,

siempre _____ _____ (llevarse) bien. _____

_____ (quererse) mucho.

ELENA: Sí, y dos años después de conocerse, _____

_____ (casarse). ¡Qué bonita

_____ (ser) la boda!

ALEX: Pero... ¿Qué pasó? ¿_____ _____ (divorciarse)?

ELENA: No. Creo que _____ (tener) un desacuerdo

(*disagreement*) muy grande y _____ _____

(separarse) por dos o tres meses. Pero _____

(resolver) sus problemas y ahora están juntos.

ALEX: Me alegro (*I'm glad*). Son una pareja ideal.

Así se dice

Para estar en contacto: Las llamadas telefónicas

10-6. Complete con palabras adecuadas de esta sección.

1. Las palabras que se dejan cuando una persona no está en la casa. _____

2. Lo que se dice en muchos países al contestar el teléfono. _____

3. Los primeros tres números del número de teléfono. _____

4. El teléfono que se puede usar desde el coche, la playa, etc. _____

5. El libro grande que contiene los números de teléfono. _____

Estructuras

A. The formation of the present subjunctive: Regular and stem-changing verbs

10-7. Hay un muchacho/a en su clase que le gusta mucho a usted. Su amigo/a le da consejos (*advice*) para conquistar su amor. Escriba los consejos. (**Te aconsejo** = *I advise you*)

> **Modelo:** sentarse a su lado
> **Te aconsejo que te sientes a su lado.**

1. preguntarle si tiene novio/a

_____

2. almorzar con él/ella

_____

3. pedirle su número de teléfono

_____

4. invitarlo/la a caminar por el campus

_____

5. traerle una flor o un regalito

_____

6. decirle que te gusta su forma de vestir

_____

7. hacerle una invitación para ir a cenar

_____

B. Irregular verbs in the present subjunctive

10-8. Usted tiene un amigo que exagera mucho. Dígale que es difícil creer lo que dice.

> **Modelo:** Sé hablar cinco idiomas.
> **Es difícil que sepas hablar cinco idiomas.**

1. Soy tan inteligente como Einstein.

_____

2. Voy todos los fines de semana a fiestas con estrellas de cine.

_____

3. En mi carro hay espacio para 10 personas.

_____

4. Sé todas las capitales de todos los países del mundo.

_____

5. Doy fiestas todos los lunes.

_____

6. Estoy en cinco fraternidades.

_____

Estructuras

3. Expressing wishes and requests related to other people's actions: The subjunctive with expressions of influence

10-9. Imagine que dos amigos suyos están muy furiosos el uno con el otro a causa de un desacuerdo (*disagreement*). Usted les recomienda que hagan ciertas cosas.

> **Modelo:** llamarse
> **Les recomiendo que se llamen.**

1. pensar en las causas del problema

_____

2. reunirse

_____

3. hablarse

_____

4. escucharse

_____

5. ser flexibles

_____

6. buscar soluciones

_____

7. resolver sus problemas

_____

10-10. Imagine que un amigo suyo tiene problemas académicos muy serios. ¿Qué le recomienda usted? Escriba oraciones con las palabras indicadas.

> **Modelo:** recomendarte / que estudiar más
> **Te recomiendo que estudies más.**

1. recomendarte / que hacer la tarea

_____

2. sugerirte / que pedirle ayuda al profesor

_____

3. decirte / que estudiar en la biblioteca con más frecuencia

_____

4. pedirte / que no salir todas las noches

_____

5. recomendarte / que acostarte más temprano

_____

6. sugerirte / que levantarte cuando suene el despertador

_____

7. insistir en / que ir a todas tus clases

_____

10-11. ¿Cómo se dice en español?

1. He wants to buy Shakira's new CD.

_____

2. No. He wants me to buy it.

_____

3. He suggests (to me) that we listen to it before buying it.

_____

10-12. Julia quiere que Antonio haga muchas cosas. Escriba lo que ella le dice.

Antonio, quiero que... _____,

que... _____,

que... _____,

y que... _____.

4. Expressing emotional reactions and feelings about other people's actions: The subjunctive with expressions of emotion

10-13. Conteste las preguntas, indicando su reacción. Use las palabras entre paréntesis.

> **Modelo:** ¿Puede tu abuela venir a la reunión? (sentir / que / no...)
> **Siento que no pueda venir.**

1. ¿Está enferma? (sentir / que /...muy...)

_____

2. ¿Tiene fiebre? (temer / que /...más de 102 grados)

_____

3. ¿Va al consultorio del médico hoy? (esperar / que /...)

_____

4. ¿Normalmente, está bien de salud? (alegrarme / que /...)

_____

10-14. Imagine que usted tiene un/a nuevo/a novio/a y se pregunta varias cosas acerca de la futura relación. Conteste las preguntas para expresar sus deseos. Use **Ojalá que...** en sus respuestas, y pronombres cuando sea posible.

> **Modelo:** ¿Va a regalarme mis galletas de chocolate favoritas?
> **Ojalá que me las regale.**

1. ¿Va a regalarme entradas a un concierto?

_____

2. ¿Va a besarme y abrazarme?

_____

3. ¿Va a invitarme a cenar a un restaurante elegante?

_____

4. ¿Va a dejarme mensajes amorosos?

_____

5. ¿Va a escribirme poemas de amor?

_____

6. ¿Va a decirme que me ama?

_____

7. ¿Va a conocer a mis padres pronto?

_____

10-15. Lidia les manda un mensaje electrónico a sus amigos. Lea el mensaje y conteste las preguntas.

De: Lidia@ole.com
Para: Elena@ole.com, Pablo@ole.com, Anita@ole.com
CC:
Asunto: llegada de Renato

Queridos amigos:
¡Estoy de buen humor hoy! Hace sol y Renato llega esta tarde. ¡Se queda por una semana! ¡Qué alegría! Quiero que lo conozcan. ¿Pueden venir a mi apartamento mañana por la noche para cenar con nosotros? ¿A las siete? Espero que sí. Avísenme, por favor.

Abrazos,
Lidia

1. ¿De qué se alegra Lidia? (Mencione tres cosas.)

_____

_____

2. ¿Qué quiere Lidia? (Mencione una cosa.)

_____

3. ¿Qué espera Lidia? (Mencione una cosa.)

_____

10-16. Exprese sus sentimientos personales con respecto a su vida, en este momento y en el futuro. Escriba oraciones originales con los verbos indicados. Use el subjuntivo. *Hint*: Recuerde que sólo se usa el subjuntivo cuando hay dos sujetos diferentes.

> **Modelo:** (alegrarse de)
> **Me alegro de que mi amiga venga a visitarme.**

1. (alegrarse de) _____

   y que... _____

2. (esperar) _____

   y que... _____

Repaso general

10-17. Conteste las preguntas con oraciones completas.

1. ¿Cuándo se conocieron usted y su mejor amigo/a?

   _____

2. ¿Se llevan bien siempre, o a veces hay conflictos?

   _____

3. ¿Qué cosas le recomienda usted a un/a estudiante que acaba de llegar a la universidad?

   _____

4. ¿Qué quiere usted que hagan o no sus amigos/as?

   _____

5. ¿Qué espera usted que haga su compañero/a de cuarto o apartamento?

   _____

10-18. Imagine que usted es uno de los padres
en el dibujo. Indique su reacción a la
situación y sus deseos para el futuro del
bebé. Use las siguientes expresiones.

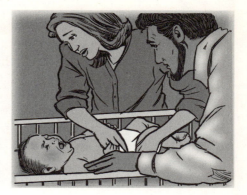

sentir que...	temer que...
en el futuro:	
querer que...	esperar que...

_____

_____

_____

_____

_____

_____

Check your answers with those given in the *Answer Key* and make all necessary
corrections with a pen or pencil of a different color.

Internet Discovery

Foreign Language Greeting Cards

Do you have a Spanish-speaking pen pal or friend? A Spanish-speaking boss? Or perhaps a significant other? Why not send a greeting card in Spanish? Your instructor would love to hear from you as well!

1. Go to the **Dicho y hecho** Book Companion Website @ <u>www.wiley.com/college/dawson</u> and follow the link to the greeting cards website. Click on a country and pick a category. What kind of card is *Ánimo*?

   _____

2. Now pick a card in the *Amistad* category. What sentiment does it express?

   _____

3. Now go through the cards and send one to your best friend. Which one did you send?

   _____

11 CAPÍTULO Aventuras al aire libre

Así se dice

Aventuras al aire libre

11-1. Crucigrama

Horizontal

1. Nadar con todo el cuerpo sumergido para ver peces, etc.

2. Corriente de agua continua que corre hacia el mar.

3. Están en el cielo. Son blancas y grises.

4. Sinónimo de **catarata**.

5. Ir de un lugar a otro, generalmente distante.

6. Trabajar con los remos para mover la embarcación en el agua.

7. Barco muy grande para hacer viajes de recreo.

8. Las personas montan en este animal.

9. La tierra entre montañas.

10. Dormir en un saco de dormir, en una tienda de campaña.

11. Ondas de agua en el mar. Son necesarias para hacer *surf*.

12. Está en el cielo de noche. Es grande.

13. Un grupo de muchos árboles es un...

14. Porción de tierra rodeada de (*surrounded by*) agua.

15. Masa de agua que cubre gran parte de la superficie de la Tierra.

Vertical

1. Tipo de barco que se usa para el descenso de ríos/*rafting*.

4. Durante el día el... normalmente es azul. Durante una tormenta está gris.

8. Lo contrario de **ciudad**. Hay animales allí en vez de edificios.

16. Están en el cielo de noche. Hay muchas.

17. Paseo largo o corto que se hace de pie, por diversión.

18. Un animal que vive y nada en los ríos o en el mar.

19. Cuando estamos acampando y necesitamos cocinar, es necesario hacer un...

20. Está en el cielo de día. Es grande y amarillo.

21. La totalidad de las cosas que componen (*make up*) el universo.

22. Cuando los niños están en la playa, la usan para construir castillos.

23. Sinónimo de **subir** la montaña.

24. Vehículo flotante que sirve para transportar personas o cosas.

25. El acto de sacar o tratar de sacar peces del agua.

11-2. Conteste las preguntas con oraciones completas.

1. ¿A qué lugares le gusta o le gustaría ir de vacaciones?

_____

2. ¿Qué actividades le gusta hacer cuando está de vacaciones?

_____

3. ¿Le gustaría escalar una montaña? Explique por qué.

_____

4. ¿Le gustan más las montañas, las playas o las ciudades para pasar las vacaciones?

_____

5. ¿Le gusta a usted acampar? ¿Y hacer *surf*?

_____

11-3. Lea el aviso y conteste las preguntas.

Rocky Mountain National Park
(Parque Nacional—Las Montañas Rocosas)
Colorado

**Servico Nacional de Parques
Departamento del Interior U.S.**

A caballo
Se pueden alquilar caballos y **contratar guías** en dos lugares al este del parque, así como en un gran número de **caballerizas** al este y al oeste, fuera de los límites del parque, durante la estación **veraniega.**

Campamentos
Los cinco campamentos del parque situados en Moraine Park, Glacier Basin, Aspenglen, Longs Peak y Timber Creek proveen la manera más **agradable** de **familiarizarse** con el Parque Nacional de las Montañas Rocosas. En Longs Peak el límite de duración de acampar es tres días, en los demás campamentos, siete. En Glacier Basin se pueden reservar zonas de acampar para grupos. En Longs Peak sólo se puede acampar en tiendas de campaña. Sólo se permite hacer fuego en las parrillas de los campamentos y lugares de descanso.

Pesca
En los arroyos y lagos del Parque Nacional de las Montañas Rocosas se encuentran cuatro **especies** de **trucha:** *rainbow, German brown, brook* y *cutthroat.* A pesar de que en estas aguas frías no hay peces muy grandes, sin duda disfrutará del maravilloso paisaje de montaña que lo rodeará mientras pesca.

Alpinismo
Para el alpinista el Parque Nacional de las Montañas Rocosas ofrece una variedad de dificultosos **ascensos** durante todo el año... Para los que no son alpinistas profesionales, pero a los que les gustaría vivir la experiencia de llegar a la cumbre de una montaña, Longs Peak es la solución. En julio, agosto y parte de septiembre, la **ruta** a través de Keyhole puede subirse sin un **equipo técnico** de alpinismo. Aunque no se necesita un equipo técnico, el largo ascenso de Longs Peak es difícil. El **incremento** en altura es de 1.433 metros (4.700 pies), y los 24 kilómetros (16 millas) de ida y vuelta de la escalada pueden llevar alrededor de unas doce horas.

1. Las siguientes palabras aparecen en negrilla (*boldface*) en la descripción del Parque Nacional, p. 163. ¿Cuántas de las palabras entiende usted? Examine cada palabra dentro del contexto de la oración. Escriba el equivalente en inglés.

español	inglés
contratar =	_____
guías =	_____
caballerizas =	_____
veraniega =	_____
agradable =	_____
familiarizarse =	_____
especies =	_____
trucha =	_____
ascensos =	_____
ruta =	_____
equipo técnico =	_____
incremento =	_____

2. ¿Durante qué estación se pueden alquilar caballos?

_____

3. Si usted quiere acampar en grupo con sus amigos, ¿en cuál de los campamentos debe reservar usted una zona de acampada?

_____

4. ¿Cuántas especies de truchas se encuentran en el Parque Nacional?

_____

5. ¿Cuántas horas se necesitan para escalar (ida y vuelta) Longs Peak?

_____

6. ¿Cuántas millas es la escalada (ida y vuelta)?

_____

7. Para usted, ¿cuál de las actividades mencionadas es la más interesante?

_____

Así se dice

Más aventuras

11-4. Usted va de vacaciones al campo y describe lo que ve. Escriba la palabra de esta sección que corresponda a la definición.

1. Un animal grande que nos da leche _____

2. Lo que le gusta comer a una vaca. _____

3. Un animal que pone huevos _____

4. Tiene ocho patas (*legs*) y hace telarañas (*cobwebs*) _____

5. Un insecto hermoso con alas (*wings*) de colores _____

6. Un reptil largo y a veces venenoso _____

7. Un animal que vuela en el cielo _____

8. Un insecto muy molesto que pica (*bites*) _____

Estructuras

1. Expressing likes, dislikes, and interests: Verbs similar to *gustar*

11-5. Diga lo que les encanta, les importa, etc. a las siguientes personas. Escriba oraciones, usando el verbo (con el pronombre indirecto) que mejor corresponda a la situación indicada.

| encantar | fascinar | importar | interesar | molestar |

Modelo: Alfonso pesca casi todos los fines de semana.
A Alfonso le encanta pescar.

1. Alfonso dice que las arañas son fascinantes.

_____

2. La actividad favorita de Anita y de su amiga Marta es montar a caballo.

_____

3. Estamos acampando y ¡hay tantos mosquitos!

_____

4. Tengo mucho interés en estudiar los insectos y la vegetación de la selva.

_____

5. Camila dice que la conservación de la naturaleza es muy importante.

_____

Pregunta personal:

6. ¿Qué aspectos de la naturaleza le encantan o le fascinan a usted?

_____

Estructuras

2. Stating purpose, destination, and motive: _Para_ and _por_ (A summary)

11-6. Cuando usted y sus amigos/as van de vacaciones, ¿para qué van a los siguientes lugares? Escriba oraciones según el ejemplo. Mencione por lo menos dos actividades para cada lugar.

> **Modelo:** a un parque nacional
> **Vamos a un parque nacional para ver la naturaleza y para observar los animales.**

1. a un valle al lado de un río

_____

2. al mar

_____

3. a las montañas

_____

4. a una ciudad

_____

11-7. Elena les escribe un mensaje electrónico a sus amigos que organizan un paseo a la playa. Lea el mensaje, y luego complete las oraciones según las preguntas.

De: Elena@ole.com
Para: Lidia@ole.com, Pablo@ole.com, Anita@ole.com
CC:
Asunto: compras

Hola, Lidia, Pablo y Anita:

Esta mañana hice las compras que me pidieron para el paseo del fin de semana, y tengo toda la comida guardada en el refrigerador o en la mesa de la cocina. Pasen por el apartamento cuando puedan para recoger sus cosas. Si no estoy aquí, les dejo la puerta abierta.

La suma de las compras:
Lidia: sandía, refrescos $7.80
Pablo: jamón, queso, pan, mayonesa $9.75
Anita: una docena de galletas de chocolate de la pastelería $3.95

¿Van a salir esta noche? Me encantaría ver la película que se estrena en el Cine Azul.

Abrazos,
Elena

¿Para quién son las siguientes cosas de comer?

1. El jamón y el queso son _____ _____.

2. La sandía y los refrescos son _____ _____.

3. Las galletas de chocolate son _____ _____.

¿Para qué fue Elena a la pastelería?

4. Fue _____ comprarle unas _____ de

    _____ a Anita.

¿Cuánto pagó Elena por las cosas que cada persona le pidió?

5. Pagó $_____ _____ lo que le pidió Lidia.

6. Pagó $_____ _____ lo que le pidió Pablo.

7. Pagó $_____ _____ lo que le pidió Anita.

Cuando Pablo, Lidia y Anita recogieron las cosas, ¿qué le dijeron a Elena?

8. Elena, ¡gracias _____ lo que nos compraste!

11-8. ¿Qué hizo Tomás? Complete las oraciones. Use **por** o **para.**

1. Elena, la novia de Tomás, estuvo en el hospital _____ una semana.

2. Tomás fue al hospital _____ visitarla.

3. A ella le gusta leer y necesitaba más libros. Tomás fue a la librería

   _____ ella porque ella no podía salir del hospital.

4. También fue a una florería _____ comprarle rosas.

5. Compró las rosas _____ 15 dólares.

6. Después, Tomás volvió al hospital y le dijo: «Elena, ¡estos tres libros nuevos

   y estas rosas son _____ ti!»

7. Ella le dijo: «¡Gracias _____ los libros y las flores!»

8. A las ocho de la noche Tomás salió del hospital _____ su casa.

9. Pasó _____ un parque muy bonito y una avenida con muchas luces.

10. Al llegar a casa, preparó algo _____ comer.

11. Después, vio la tele _____ una hora y trabajó en un

    proyecto que tenía que terminar _____ el lunes.

12. Tomás es estudiante y también trabaja _____ una compañía de contabilidad.

Así se dice

La naturaleza y el medio ambiente

11-9. Escriba la palabra de la lista que corresponde a la descripción.

> contaminación   deforestación   incendios   proteger
> conservar   desperdiciar   planetas   reciclar

1. _____ El acto de no usar un recurso natural de una manera eficiente.

2. _____ El resultado de cortar todos los árboles de un bosque.

3. _____ Lo contrario de **destruir**.

4. _____ Debemos... el papel y el aluminio en vez de tirarlos en el cubo de la basura.

5. _____ Dar protección a algo.

6. _____ Cuando el aire y el agua están muy sucios, decimos que hay mucha...

7. _____ Hay... forestales en California, Arizona, Colorado, etc. cuando hay sequía (no llueve).

8. _____ Mercurio, Venus y la Tierra, son... cercanos al sol.

Pregunta personal:

9. En su opinión, ¿cuál es el problema ambiental (*environmental*) más serio de nuestro planeta? _____

11-10. Miguelito, Antonio y Julia se preocupan por el medio ambiente. ¿Qué dicen ellos? Use las expresiones de la lista.

| a causa de | sentimos que... | Ojalá que... |

_____

_____

_____

_____

Estructuras

3. The subjunctive with expressions of doubt or negation

11-11. Usted está de visita en Costa Rica en una jungla. Exprese sus dudas o reacciones a las circunstancias indicadas. Conteste las preguntas, usando la expresión entre paréntesis. Use el subjuntivo o el indicativo en la segunda cláusula según la expresión.

Modelos: ¿Salimos pronto? (dudar)
Dudo que salgamos pronto.

¿Hay serpientes en esta selva? (estar seguro/a)
Estoy seguro/a que hay serpientes en esta selva.

1. ¿Este río tiene pirañas? (no creer)

_____

2. ¿La balsa está en malas condiciones? (dudar)

_____

3. ¿Te gusta practicar el descenso de ríos? (no estar seguro/a)

_____

4. ¿Te va a gustar la vegetación tropical? (estar seguro/a)

_____

5. ¿Hay anacondas en este río? (dudar)

_____

11-12. ¿Qué pasa o qué va a pasar en la vida de su mejor amiga o amigo? Exprese sus dudas o certidumbre (*certainty*). Complete las oraciones.

Nombre de mi mejor amigo/a: _____.

1. Dudo que ella/él... _____.

2. No estoy seguro/a que ella/él... _____.

3. No creo que ella/él... _____.

4. Estoy absolutamente seguro/a que ella/él... _____.

Estructuras

4. Expressing reactions to recent events: The present perfect subjunctive

11-13. Su amiga Beatriz ha tenido mucha suerte (*luck*) últimamente. Combine las oraciones con las expresiones entre paréntesis para indicar sus reacciones ante los eventos.

Modelo: Beatriz finalmente ha conseguido un buen trabajo. (Me alegro...)
Me alegro que Beatriz haya conseguido un buen trabajo.

1. Su familia se ha comprado una nueva casa. (¡Qué bueno... !)

_____

2. Por fin Beatriz se ha ido de vacaciones a Panamá. (Me alegro...)

_____

3. Se ha divertido mucho en su viaje. (Espero...)

_____

4. Ha ido a muchas fiestas. (Ojalá...)

_____

5. Ha bailado muchas cumbias. (Es probable...)

_____

11-14. Lea el mensaje electrónico que Beatriz les escribe a sus amigos. Luego, complete las oraciones para expresar sus reacciones. Use el presente perfecto del subjuntivo o el presente perfecto del indicativo según la situación.

De: Beatriz@ole.com
Para: Anita@ole.com, Pablo@ole.com, Elena@ole.com
CC:
Asunto: saludos de Panamá

Queridos amigos:
Les mando este mensaje desde la Ciudad de Panamá. Necesitaba estas vacaciones y me han hecho mucho bien. Me siento como nueva. La semana pasada hice el mejor viaje de mi vida. Visité las islas San Blas en la costa norte de Panamá. ¡Qué paraíso! Es el lugar más tranquilo que haya visto, con aguas cristalinas, palmeras... Ayer pasé el día descansando en una hamaca, pero anteayer hice el _esnórquel_ aquí y creo que vi los más bellos corales de las islas y los peces más increíbles. Eran de colores extraordinarios y de formas muy raras. Saqué fotos —pero ustedes saben que no soy muy buena fotógrafa. También les cuento que espero encontrar trabajo como guía turística y tal vez trabaje aquí este verano. Me encanta este país y, como ven, me estoy divirtiendo muchísimo.

Abrazos,
Beatriz

---

1. Me alegro...

que las vacaciones de Beatriz le _____

_____ mucho bien,

que _____ _____ las islas San Blas,

que _____ _____ un día
descansando en una hamaca,

que _____ _____ el _esnórquel_ y

que _____ _____ bellos corales y
peces increíbles.

2. Espero...

que _____ _____ buenas fotos de
los peces y

que _____ _____ trabajo como guía
turística.

3. Estoy seguro/a...

que se _____ _____ muchísimo
en Panamá.

Repaso general

11-15. Conteste con oraciones completas.

1. ¿Qué es lo que más le importa a usted en la vida?

_____

2. ¿Qué cosas le interesan a usted mucho?

_____

3. ¿Qué le encanta hacer a usted?

_____

4. ¿Duda usted que pueda salir de vacaciones este verano?

_____

5. ¿Para qué van usted y sus amigos a la playa? ¿Y a las montañas?

_____

6. ¿Qué actividades al aire libre duda usted que sus amigos hayan hecho?

_____

11-16. Usted, sus amigos, y/o su familia piensan salir de vacaciones. Examine las actividades y los servicios que ofrece este lugar. Luego, describa los gustos de ustedes según la información. Incluya:

- las actividades y servicios que normalmente les encantan/interesan a ciertas personas y por qué;
- las actividades y servicios que usted duda que utilicen ciertas personas y por qué;
- para qué quiere visitar cada persona este lugar.

ALQUILER DE AUTOS   PLAYA   PESCA   GOLF   SENDAS PARA CAMINAR   EQUITACIÓN   BUCEO

ALQUILER DE BOTES DE VELA   PATINAJE   ESQUÍ   PISCINA AL AIRE LIBRE   MASCOTAS PERMITIDAS   FACILIDADES PARA LAVAR   BICICLETA

_____

_____

_____

_____

_____

_____

_____

Check your answers with those given in the *Answer Key* and make all necessary corrections with a pen or pencil of a different color.

Internet Discovery

La palabra del día

1. *Don Quijote* is the largest private organization in Europe offering Spanish courses in Spain. If you were to study in Spain, which city would you like to study in? Think of a city, then write in on the line below.

   _____

2. Now go to the **Dicho y hecho** Book Companion Website @ www.wiley.com/college/dawson and follow the link to the *Don Quijote* website.

   a) Does the organization offer courses in the city you wrote down above?

   _____

   b) What kind of courses?

   _____

   c) When are they offered?

   _____

   d) How much do they cost?

   _____

3. Look at the center of the home page and click on the *Learn Spanish Vocabulary* link. This takes you to a free vocabulary builder called *Palabra del día*. This feature provides a new word each day and includes information on its etymology, meaning, use in a sample sentence, and online audio of its pronunciation.

   a) What is the word of the day? What does it mean? What is its etymology?

   _____

   _____

   b) What are the last words at the top right? List as many words and their meanings as you can.

   _____

   _____

   _____

4. Go back to the home page. Register for the free membership by clicking on *Members* at the top of the page, and then logging in. Once you are a member, what other features do you have access to? Write down three.

a) _____

b) _____

c) _____

Dicho y hecho: Cuaderno de ejercicios escritos

12 CAPÍTULO De viaje al extranjero

Así se dice

De viaje al extranjero

12-1. Crucigrama

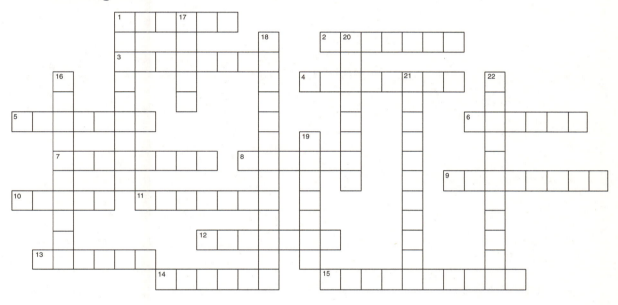

Horizontal

1. Si acabamos de llegar a otro país, tenemos que pasar por este lugar antes de salir del aeropuerto.

2. Lo contrario de **llegadas**.

3. Grupo de maletas.

4. Lo que hacemos con el equipaje al llegar al aeropuerto, antes de embarcarnos.

5. Lo miramos para averiguar las horas de las salidas y llegadas de los aviones.

6. Cuando el avión llega muy tarde, se dice que hay una...

7. La persona que viaja.

8. La persona que pilotea el avión.

9. Lo contrario de **salidas**.

10. El... 901 sale a las ocho y quince/cuarto de la mañana.

11. Maleta pequeña que se lleva con frecuencia al trabajo.

12. La persona que se queda en el hotel por unos días.

13. Para poder viajar en avión es necesario comprar uno de éstos, de la aerolínea, de un agente de viajes o por Internet.

14. Donde empacamos nuestras cosas para hacer un viaje.

15. El acto de decir «adiós» y luego salir.

Vertical

1. Lo contrario de **despegar**.

16. Estación de salida y llegada de aviones comerciales.

17. Aeronave con alas (*wings*) y motor.

18. La persona que trabaja en la recepción de un hotel.

19. El hombre en el hotel que lleva las maletas a las habitaciones.

20. Lo que se usa en el hotel para subir y bajar de un piso a otro. No es la escalera.

21. Escribir su nombre, su dirección, etc. en el registro de un hotel.

22. Se les dice a las personas que llegan a un lugar, cuando la llegada es una ocasión feliz/agradable.

Así se dice
Se van de viaje

12-2. Complete las oraciones con palabras apropiadas de esta sección.

1. Obtener el documento oficial que nos permite entrar y salir de los países que visitamos es _____.

2. Antes de un viaje internacional debemos _____ los boletos del avión.

3. Debemos llegar al aeropuerto con dos horas de _____.

4. La mujer que nos sirve las comidas en el avión es la _____.

5. El hombre que nos sirve las comidas en el avión es el _____.

6. ¿Prefiere usted un asiento de ventanilla o de _____?

7. Cuando hay tubulencia durante el vuelo es necesario

_____.

8. Lo contrario de **subirse al avión** es _____.

Dicho y hecho: Cuaderno de ejercicios escritos

12-3. Lea el anuncio del Hotel Cotopaxi en Quito. Luego, haga una lista de las palabras o frases más importantes de cada sección. No escriba oraciones completas. Finalmente, conteste la pregunta.

HOTEL COTOPAXI

Avenida González-Suárez 8500
Reservaciones: 543-600
Fax: 567-211

QUITO
Rodeados de altas montañas y de valles multicolores, su millón de habitantes vive en dos mundos diferentes: la vieja ciudad con sus bellas iglesias y monasterios coloniales, y el norte de Quito, con sus parques, anchos bulevares y centros comerciales de estilo europeo y norteamericano.

EL HOTEL COTOPAXI
Con sus 200 habitaciones y con la mejor ubicación de la ciudad, brinda buen servicio, confort y atención personalizada.

CLUB-PISCINA
Su actividad física se verá calmada con nuevas experiencias, al disfrutar de un lugar de verdadera inspiración, en la piscina y en los jardines, con una vista espectacular al Valle de Cumbayá. Nuestro baño turco, sauna y gimnasio lo esperan.

RESTAURANTES
Alrededor de los jardines o dentro del hotel usted puede disfrutar, en cualquiera de nuestros restaurantes, de excelentes platos típicos ecuatorianos y europeos.

BANQUETES Y CONVENCIONES
Nuestro hotel ofrece buenas facilidades y gran experiencia para la realización de sus convenciones y seminarios. Es un lugar tranquilo y bien situado, ideal para sus recepciones. Sus negocios se harán posibles en nuestro piso ejecutivo.

---

1. Quito:

    a) situación geográfica _____

    b) la vieja ciudad _____

    c) el norte de la ciudad _____

2. El Hotel Cotopaxi:

    _____

3. Club-Piscina: _____

4. Restaurantes: _____

5. Banquetes y convenciones:

_____

_____

6. ¿Desea usted pasar unos días en este hotel? ¿Por qué?

_____

_____

_____

Estructuras

1. Expressing recommendations, emotion, and doubt: The subjunctive with impersonal expressions

12-4. Indique su reacción a las siguientes circunstancias. Comience con una de las expresiones de la lista.

> Es necesario   Es extraño   Es ridículo   Es horrible   Es fenomenal

Modelo: No dan comida en este vuelo.
Es ridículo que no den comida en este vuelo.

1. ¡Qué bueno! El vuelo va a salir a tiempo.

_____

2. Debo llevar mis documentos. No quiero tener problemas.

_____

3. Mis compañeros de viaje no han llegado.

_____

4. Pueden llegar tarde.

_____

5. ¡No lo puedo creer! No hay restaurantes abiertos en esta terminal.

_____

Dicho y hecho: Cuaderno de ejercicios escritos

12-5. Indique su reacción al dilema del avión sin
piloto. Use las expresiones siguientes y la
imaginación.

> Es extraño que...   Es imposible que...
> Es posible que...   Es horrible que...
> Es una lástima que...

_____

_____

_____

_____

_____

Así se dice

En el hotel

12-6. Complete las oraciones con vocabulario de esta sección.

1. La camarera cambia las _____ de las camas todos los días.

2. Todas las camas dobles tienen dos _____ grandes (para descansar la cabeza).

3. Porque hace frío, hay dos _____ en cada cama.

4. Todas las habitaciones tienen _____ para cuando hace frío,

   y _____ _____ para cuando hace calor.

5. Si no queremos comer en el restaurante del hotel, es posible pedir el

   _____ de _____.

6. Es costumbre darle una _____ al mesero que trae la comida a la habitación.

7. A veces, es costumbre _____ una propina para la camarera que limpia la habitación.

8. Ahora queremos nadar. Vamos a la _____ del hotel.

Así se dice

Los números ordinales

12-7. Ordene los pasos para organizar un buen viaje. Use números ordinales.

1. _____ aterrizar

2. _____ llegar al aeropuerto temprano

3. _____ subir al avion

4. _____ encontrar el asiento

5. _____ despegar

6. _____ comprar los boletos de avión

7. _____ llegar al hotel

8. _____ facturar el equipaje

9. _____primero_____ sacar un pasaporte

10. _____ hacer las maletas

Estructuras

2. Making indefinite and negative references: More indefinite and negative words

12-8. Usted piensa pasar un mes con su amigo en una isla remota. Conteste negativamente.

1. ¿Van algunos de sus compañeros a viajar con usted?

_____

2. ¿Hay algunos vuelos directos a esa isla?

_____

3. ¿Hay algunas cabinas de lujo (*luxury*) cerca de la playa?

_____

4. ¿Hay aire acondicionado o piscina en las cabinas que usted alquiló?

_____

5. ¿Alguien le dijo que no hay electricidad en la isla?

_____

Estructuras

3. Talking about unknown or nonexistent persons or things: The subjunctive with indefinite entities

12-9. Pablo y su amigo Jorge están en Ecuador. Pablo les escribe a sus amigas. Lea el mensaje. Luego conteste las preguntas.

De: Pablo@ole.com
Para: Anita@ole.com, Lidia@ole.com, Elena@ole.com
CC:
Asunto: aventuras

Queridas amigas:
Jorge y yo les escribimos de Quito (estamos en un café Internet). Acabamos de pasar seis días increíbles en la selva amazónica, cerca de la frontera entre Ecuador y Colombia. Tuvimos tantas aventuras extraordinarias que no las van a creer. El primer día dimos una caminata por la selva primaria. ¡Los árboles eran enormes! Y ¡comimos insectos vivos! Sé que no me van a creer. También navegamos en canoas de madera° por un río muy tranquilo, y pescamos piraña (después de nadar en el río con las pirañas). Esa noche las preparamos y nos las comimos. El tercer día vimos una anaconda de "muy" cerca. Estaba durmiendo, así que ¡la tocamos! Bueno, quizás exagero un poco. Mañana seguimos nuestro viaje en autobús, en camino a Perú. Les escribo otra vez en una semana.

Chao,
Pablo

wood

1. ¿Conoce usted a alguien que haya viajado a la selva amazónica?

_____

2. ¿Tiene usted amigos que exageren mucho? ¿Qué historias inventan?

_____

_____

_____

3. ¿Hay personas que coman insectos vivos?

_____

4. ¿Ha visitado usted un zoológico que tenga anacondas?

_____

5. ¿Conoce usted un río donde haya pirañas?

_____

12-10. **a)** Imagine que usted es el representante de una compañía muy grande que necesita emplear (*employ*) a varios individuos de calificaciones específicas. Usted habla con dos empleados de una agencia de empleos.
b) El primer empleado siempre dice que conoce a personas con las calificaciones.
c) El segundo empleado siempre dice que no. Complete las oraciones con el verbo en el subjuntivo o el indicativo según la oración.

> **Modelo:** hablar
> a) Busco una persona que **hable** japonés.
> b) Conocemos a una persona que **habla** japonés.
> c) Lo siento, pero no conocemos a nadie que **hable** japonés.

1. ser

a) Busco una persona que _____ experta en computación.

b) Conocemos a una persona que _____ experta en computación.

c) Lo siento, pero no conocemos a ninguna persona que

_____ experta en computación.

2. llegar

a) Busco una persona que siempre _____ al trabajo a tiempo.

b) Conocemos a una persona que siempre _____ al trabajo a tiempo.

c) Lo siento, pero no conocemos a nadie que siempre

_____ al trabajo a tiempo.

3. poder

a) Busco una persona que _____ viajar a cualquier parte del mundo.

b) Conocemos a una persona que _____ viajar a cualquier parte del mundo.

c) Lo siento, pero no conocemos a nadie que _____ viajar a cualquier parte del mundo.

12-11. Usted llega al pueblito de Concepción de San Isidro de Heredia en Costa Rica a las once de la noche. Va a la plaza central y allí encuetra un supermercado abierto. Complete el diálogo entre usted y el empleado. Use el subjuntivo o el indicativo del verbo entre paréntesis, según la oración.

USTED: Mi coche tiene problemas mecánicos. ¿Hay alguien en Concepción que _____ (poder) examinar el motor?

EMPLEADO: Sí, tenemos un mecánico que _____ (saber) reparar cualquier motor. Trabaja en la calle Independencia a una cuadra al norte, pero ahora debe estar durmiendo.

USTED: Bueno. Espero que _____ (haber) un hotel en Concepción.

EMPLEADO: No se preocupe, señor. Está el hotel Colonial a dos cuadras de aquí.

USTED: ¿Hay algún restaurante por aquí que _____ (servir) comida a estas horas?

EMPLEADO: No hay ningún restaurante cerca de aquí que _____ (servir) comida, pero vendemos tortas en este supermercado y bebidas.

CLIENTE: Bueno. Me compro algo antes de ir al hotel y muchas gracias por la información.

Estructuras

4. Talking about what will happen: The future

12-12. Indique lo que cada persona hará como preparación para un viaje a las montañas.

Modelos: alquilar el coche / yo
Alquilaré el coche.

preparar el desayuno / Jorge
Preparará el desayuno.

1. hacer las maletas / yo

_____

2. llamar al parque nacional / Jorge

_____

3. comprar la comida para el viaje / Esteban y Roberto

_____

4. conseguir un mapa / nosotros

_____

5. buscar información acerca de lugares para acampar / María

_____

6. encontrar a alguien que cuide al perro / yo

_____

7. traer su tienda de campaña / Esteban y Roberto

_____

8. dejar un itinerario con nuestros amigos / nosotros

_____

12-13. Usted le hace preguntas a su amigo/a para averiguar si él/ella hará ciertas cosas el próximo fin de semana. Él/Ella le contesta. Siga el modelo.

> **Modelo:** ir al centro
> USTED: **¿Irás al centro?**
> ÉL/ELLA: **Sí, iré al centro.**

1. hacer ejercicio en el gimnasio

USTED: _____

ÉL/ELLA: _____

2. salir de la universidad

USTED: _____

ÉL/ELLA: _____

3. tener que trabajar

USTED: _____

ÉL/ELLA: _____

4. ir a la fiesta de Inés

USTED: _____

ÉL/ELLA: _____

5. poder llevar comida y bebidas

USTED: _____

ÉL/ELLA: _____

12-14. Imagine que usted está sentado/a frente a este adivino (*fortune teller*). ¿Qué dice él de su futuro? Escriba cuatro pronósticos. Use el tiempo futuro.

_____

_____

_____

_____

Repaso general

12-15. Conteste con oraciones completas.

1. ¿Conoce usted a alguien que pueda hablar más de tres lenguas?

_____

2. ¿Busca usted un trabajo que le permita estudiar también?

_____

3. ¿Algunos de sus compañeros van a Guinea Ecuatorial este año?

_____

4. ¿Qué hará usted este fin de semana?

_____

5. ¿Es urgente que su compañero/a de cuarto haga ciertas cosas. ¿Qué cosas?

_____

6. ¿Es importante que sus padres hagan ciertas cosas. ¿Qué cosas?

_____

12-16. Antonio y Miguelito hicieron un viaje a Puerto Rico y acaban de llegar al Aeropuerto Internacional de Miami. Indique su reacción a la situación presentada en el dibujo.

Diga:
- lo que es probable/ improbable/ urgente, etc. que ocurra;
- si hay algún objeto prohibido en la caja (_box_), o si no hay ninguno;
- lo que pasará si hay algún problema, o si no hay ninguno.

_____

_____

_____

_____

Check your answers with those given in the _Answer Key_ and make all necessary corrections with a pen or pencil of a different color.

Dicho y hecho: Cuaderno de ejercicios escritos

Internet Discovery

Study Abroad Links

Are you considering studying abroad? Which country would you like to visit and study in? The *Study Abroad Links* website provides a wide variety of links to study abroad programs throughout the world. You can search by country or by program type.

1. Go to the **Dicho y hecho** Book Companion Website @ www.wiley.com/ college/dawson and follow the link to the *Study Abroad Links* website. To find Spanish study abroad opportunities, scroll down to *Study Abroad by Category* and click on *Language Study Abroad Programs*. Click on *Guatemala*.

   a) Which school offers 25 hours per week of individual instruction?

   _____

   b) Which program has teachers who all have an average of 10 years of experience?

   _____

   c) Which school offers instruction on a roof-top terrace?

   _____

2. Now click on *Mexico*. What is O.L.E. and what are two things they offer?

   a) _____

   b) _____

3. Finally, click on *Spain*. Which programs would you choose if you wanted to study Spanish near a beach?

   a) _____

   b) _____

13 CAPÍTULO En el extranjero

Así se dice

En el extranjero

13-1. Crucigrama

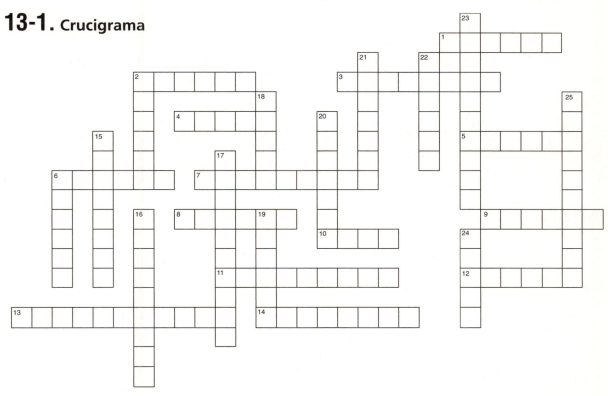

Horizontal

1. Sinónimo de **continuar**.

2. Pasar de un lado a otro. Usamos un bote para... el río.

3. Sinónimo de **manejar**.

4. Lo que tenemos que pagar cuando manejamos demasiado rápido y la policía nos para.

5. Necesito gasolina. Tengo que... el tanque.

6. Una carretera pequeña.

7. Tipo de autopista.

8. Cuando la... está desinflada, tenemos que ponerle aire o cambiarla.

9. Si no podemos seguir recto, tenemos que... a la izquierda o a la derecha.

10. Lo que ponemos en la llanta.

11. No debemos doblar a la derecha. Debemos doblar a la...

12. Encuentro violento entre dos coches, camiones, etc.

13. Vehículo con dos ruedas (*wheels*), uno o dos asientos y un motor.

14. Cuando el coche necesita gasolina, vamos a la... de servicio.

Vertical

2. El vehículo grande que usamos para transportar cosas.

6. El asiento en el autobús de primera es muy... Reclina y tiene almohadas.

15. La luz que controla el tránsito.

16. Hombre que maneja el autobús.

17. La ventana que cubre toda la parte delantera del coche.

18. Lo que tenemos que hacer cuando la luz del semáforo está en rojo.

19. Donde ponemos la gasolina.

20. Lo contrario de **izquierda**.

21. La persona que controla/dirige el tráfico/tránsito.

22. La estructura que usamos para cruzar un río.

23. La llanta necesita aire. Está...

24. Sinónimo de **derecho/sin doblar**.

25. Al subirse al coche y sentarse, es necesario... el cinturón.

Así se dice

Los vehículos y los mecánicos

13-2. Escriba la palabra que corresponda a la descripción.

1. El lugar donde reparan los autos. _____

2. Ver que todo esté bien, que funcione. _____

3. Paramos el coche con esto. _____

4. Las casas o edificios entre cuatro calles. _____

5. Dejar un vehículo en un lugar. _____

6. El ángulo donde dos calles se cruzan. _____

7. Donde pagamos por dejar el vehículo. _____

Así se dice

Reacciones

13-3. ¿Cómo reacciona usted ante las siguientes situaciones? Use expresiones de esta sección. ¡Atención! No debe repetirlas.

1. Usted se cae (*fall*) en la parte profunda de la piscina y no sabe nadar.

_____

2. Usted está bailando con un/a chico/a muy simpático/a y su novio/a entra.

_____

3. El profesor de una de sus clases le pide un favor.

_____

4. Usted maneja a 100 km/h en una zona de 50 km/h y un policía lo/la detiene.

_____

5. Usted pierde su anillo de matrimonio.

_____

13-4. Lea el anuncio y conteste las preguntas.

1. ¿Alguna vez ha perdido usted un/a amigo/a a causa de un accidente de automóvil?

_____

2. ¿Conoce usted a alguien que haya perdido un/a amigo/a a causa de un accidente de automóvil?

_____

3. Si un/a amigo/a suyo/a ha bebido demasiado y quiere manejar, ¿qué le dice usted?

_____

Estructuras

1. Making suggestions: *Nosotros* (*Let's*) commands

13-5. Ustedes tienen un coche bastante viejo y ahora piensan usarlo para ir a visitar a los abuelos en Santa Bárbara. Piensen en lo que deben revisar y hacer con ese "cacharrito".

Modelo: lavarlo
Lavémoslo.

1. cambiarle el aceite y los filtros

_____

2. revisarle la batería

_____

3. ponerle aire a las llantas

_____

4. repararle los frenos

_____

5. afinarle el motor

_____

6. ponerle gasolina

_____

7. no conducir a más de 100 km/h

_____

Copyright © 2004 John Wiley & Sons, Inc.

13-6. Sus dos mejores amigos nunca se preocupan por nada. Usted es todo lo contrario. Tienen un paseo mañana. Dígales lo que los tres deben hacer usando mandatos en la forma de **nosotros**.

1. empacar esta noche

_____

2. acostarse temprano

_____

3. levantarse a las siete

_____

4. desayunar

_____

5. salir a las ocho de la mañana

_____

13-7. ¡Qué dilema! Escriba dos sugerencias que tiene Miguelito y dos que tiene Antonio. Use los mandatos de **nosotros** afirmativos y negativos.

_____

_____

_____

_____

Estructuras

2. The subjunctive with expressions of condition or purpose

13-8. Imagine que usted y sus amigos están de viaje. ¿Qué van a hacer? Complete cada oración con la expresión que mejor le corresponda. No repita ninguna expresión.

> a menos que   con tal que   en caso de que   para que

1. Vamos a llamar a la familia _____ sepan dónde estamos.

2. No vamos a llamar con frecuencia _____ tengamos un problema.

3. Vamos a dejar los números de teléfono _____ ellos quieran comunicarse con nosotros.

4. Vamos a volver a casa para el 31 de julio _____ no tengamos una demora o problemas mecánicos.

13-9. Complete las oraciones con la forma correcta del verbo entre paréntesis y con una terminación lógica.

1. Voy a Cancún con tal de que (yo / conseguir...)

   _____

2. No puedo ir a menos que (yo / recibir...)

   _____

3. Voy a llevar mi sombrero grande en caso de que (hacer...)

   _____

4. Voy a mandarte una tarjeta postal para que (tú / ver...)

   _____

Así se dice

¡En la estación del ferrocarril!

13-10. Complete las oraciones con palabras apropiadas de esta sección.

1. Cuando queremos viajar en tren, vamos a la _____

   del _____.

2. ¡Debemos llegar temprano para no _____ el tren!

3. Cuando queremos comprar un boleto, vamos a la _____.

4. Cuando queremos ir y volver, compramos un boleto de

   _____ y _____.

5. Hay boletos de _____ clase y de

   _____ clase.

6. El hombre en la estación del ferrocarril que nos ayuda con las maletas es el

   _____.

7. Antes de comprar comida, debemos ir al _____ para
   lavarnos las manos.

8. En el tren vimos a una persona con un _____ interesante
   en el brazo. El diseño era de un dragón.

Estructuras

3. Reacting to past actions or events: The imperfect subjunctive

13-11. Indique lo que las personas deseaban. Complete cada oración con la forma
correcta del verbo en el imperfecto del subjuntivo.

1. Mi novio/a quería que yo...

   ir a visitarlo/a _____

   escribirle mensajes _____

   decirle cosas bonitas _____

   llamarlo/a por teléfono _____

2. La profesora nos recomendó que...

hacer los ejercicios del libro _____

escribir una composición _____

ir al laboratorio _____

hablar con hispanohablantes _____

3. Tu mamá insistió que tú...

llamarla por teléfono _____

no acostarte tarde _____

tener cuidado en la playa _____

no ir a lugares peligrosos _____

4. Rodrigo les pidió a sus amigos que...

revisar las llantas _____

comprar aceite para el carro _____

limpiar los parabrisas _____

empacar las maletas _____

13-12. Cambie las oraciones del presente al pasado.

> **Modelo:** Es importante que me comunique con mis amigos.
> **Era importante que me comunicara con mis amigos.**

1. Dudo que mis amigos tengan reservaciones.

_____

2. Quieren que el hotel esté cerca del centro.

_____

3. Buscan un hotel que sea económico.

_____

4. Esperan que haya una estación del metro cerca.

_____

5. Es urgente que encuentren un hotel con esas condiciones.

_____

Copyright © 2004 John Wiley & Sons, Inc.

13-13. Exprese sus reacciones y esperanzas (*hopes*) en las siguientes situaciones. Complete las oraciones de una manera original.

1. Anoche en la biblioteca, yo dudé que los estudiantes _____.

2. En el restaurante, deseaba que el mesero _____.

3. En la peluquería, temía que el peluquero _____.

4. En el quiosco, quería que el vendedor _____.

5. En el banco, era necesario que la cajera _____.

6. En la estación de servicio, era urgente que el empleado _____.

7. En el aeropuerto, me recomendaban que _____.

8. En el hotel, esperaba que el botones _____,

   esperaba que el recepcionista _____,

   y esperaba que la criada _____.

Estructuras

4. Talking about activities with a general or unknown subject: The impersonal *se*

13-14. Exprese la idea con una oración, empleando el **se** impersonal.

> **Modelo:** Compramos coches usados.
> **Se compran coches usados.**

1. Aquí afinamos motores y revisamos frenos.

   _____

2. Aquí vendemos mapas.

   _____

3. Alquilamos carros nuevos.

   _____

4. Está prohibido fumar.

_____

5. Hablamos español/inglés aquí.

_____

Repaso general

13-15. Conteste con oraciones completas.

1. Usted y sus amigos/familia están de vacaciones. ¿Qué actividades quiere usted sugerirle al grupo? (Use los mandatos de **nosotros**.)

_____

2. Antes de salir de viaje en coche, ¿qué le pidieron ustedes al mecánico?

_____

3. ¿Qué puede hacer usted en caso de que necesite dinero extra en el viaje?

_____

4. ¿Qué hará usted tan pronto como empiecen las próximas vacaciones?

_____

5. ¿Qué hará usted después de graduarse?

_____

13-16. Imagine que usted va a pasar un mes en una isla tropical.

- Indique tres cosas que usted llevará en caso de que...

- Indique tres cosas que usted hará para que su estadía en la isla sea memorable.

- Haga una breve comparación entre su vida en la isla y su vida en casa. ¿Cuál es mejor? ¿Por qué?

Check your answers with those given in the *Answer Key* and make all necessary corrections with a pen or pencil of a different color.

Internet Discovery

MundoHispano: The Spanish Language Learning MOO

MundoHispano is a Spanish-language MOO. MOO stands for <u>M</u>UD (multi-user domain), <u>O</u>bject <u>O</u>riented. In other words, it's lots of users coming together in a virtual world for the same purpose.

MundoHispano was developed by Lonnie Chu at the University of Missouri at St. Louis and is directed by Theresa Minick. *MundoHispano* is a community of native speakers of Spanish from around the world, teachers and learners of Spanish, and computer programmers, all of whom volunteer their time and talent to make this a dynamic virtual world.

1. Go to the **Dicho y hecho** Book Companion Website @ <u>www.wiley.com/college/dawson</u> and follow the link to the *MundoHispano* website. Click on *What Can I Do in this MOO?* and write down three things you can do that are of interest to you.

   a) _____

   b) _____

   c) _____

2. Why not sign up? Go back to the home page, scroll down and click on *How do I get started*? What three things do you need to do in order to join *MundoHispano* and start getting involved in its online community?

   a) _____

   b) _____

   c) _____

14 CAPÍTULO El mundo en las noticias

Así se dice

El mundo en las noticias

14-1. Crucigrama

Horizontal

1. Lo que comete el criminal.

2. La persona a quien el delincuente ataca, roba, etc.

3. Lo contrario de **paz**.

4. Cuando demasiada gente vive en una ciudad y en un país, hay un problema de...

5. Persona que ayuda a los niños, etc. con la tarea. Generalmente por pago.

6. Cuando no hay trabajo para muchas personas, hay un problema de...

7. Cabeza o presidente de una compañía.

8. Un hombre que trabaja para ayudar, sin recibir pago.

9. El alcohol, el tabaco, la marijuana y la cocaína son...

10. Sinónimo de **compañía**.

11. Una de las cuatro virtudes (*virtues*) cardinales, que recomienda darle a cada uno lo que le corresponde.

12. Un hombre que nace y vive en un país y tiene todos los derechos de ese país es...

13. El documento que completamos para una empresa cuando solicitamos trabajo.

14. Lo contrario de **guerra**.

15. Hoy hay... Vamos a votar. ¿A qué candidato/a apoyas?

16. Lo contrario de **destruir**.

17. Uno de los derechos básicos de cada persona es la... de expresión.

Vertical

2. Lo que los ciudadanos deben hacer cuando hay elecciones.

3. Cuerpo político de la nación.

18. La conversación que tenemos con el/la gerente/a de una compañía cuando queremos obtener trabajo.

19. Lo que hace el ladrón (*robber*).

20. Sentir físicamente un dolor a causa de una herida, una enfermedad, hambre etc.

21. Mujer que reporta las noticias.

22. Programa de radio o televisión donde se transmiten noticias.

23. La condición que existe cuando muchas personas no tienen las cosas que necesitan para sobrevivir (*survive*).

Dicho y hecho: Cuaderno de ejercicios escritos

24. Deseo ardiente o necesidad de comer.

25. Personas sin hogar.

26. Los científicos y médicos buscan una... para el cáncer y el SIDA.

27. Jefe/a o director/a de un grupo.

28. Principio que les da a todos los ciudadanos capacidad para los mismos (*same*) derechos delante de la ley.

14-2. Lea esta selección acerca de Salvador Dalí, famoso pintor español (1904–1989). Luego, conteste las preguntas.

ASÍ PENSABA DALÍ

El excéntrico y famosísimo pintor español Salvador Dalí sentía una gran compasión por los que viven privados de libertad. Durante sus años en Nueva York, donó una de sus acuarelas a la prisión de Rikers Island, una de las más tristes del mundo. A Dalí le daba mucha lástima que los prisioneros vivieran rodeados de la ciudad más excitante del planeta y que no pudieran disfrutarla. Para hacerles la vida más interesante, decidió donar la pintura que aún cuelga en una de las paredes de la institución.

Palabras útiles: privados de *deprived of*; acuarela *watercolor*

1. ¿Por quiénes sentía Dalí una gran compasión?

_____

2. ¿Qué donó?

_____

3. ¿Cómo se describe la prisión de Rikers Island?

_____

4. ¿Qué le daba mucha lástima a Dalí?

_____

5. ¿Por qué decidió donar la pintura?

_____

Así se dice

Los problemas mundiales

14-3. Éstas son las opiniones de un estudiante de la clase. Termine las oraciones, usando las palabras de la lista.

discriminación	en contra de	leyes	narcotráfico
eliminar	legalizar	luchar	pena de muerte

1. Quiero _____ por los derechos humanos.

2. Opino que nadie debe morir por un crimen. Estoy _____

   la _____.

3. Debemos luchar por _____ el hambre y la pobreza de este mundo.

4. No creo que sea buena idea _____ la marijuana.

5. Otro problema serio de nuestra sociedad es el _____ y la drogadicción.

6. Me parece un error cambiar las _____ que prohíben el consumo de alcohol para menores.

7. Hoy la situación es mejor, pero todavía existe mucha

   _____ en contra de ciertos grupos étnicos.

Estructuras

1. Talking about pending actions: The subjunctive with time expressions

14-4. ¿Qué dice el presidente acerca de sus planes para el futuro? Escriba oraciones con las palabras indicadas.

Modelo: firmar el acuerdo de paz / cuando / (ellos) / dejar de luchar
Firmaré el acuerdo de paz cuando dejen de luchar.

1. reducir el desempleo / tan pronto como / la economía / mejorar

   _____

2. apoyar esa causa, / con tal que / (ustedes) / darme más información

   _____

3. no firmar esa ley, / a menos que / haber una emergencia

_____

4. hablar con los senadores / después de que / (ellos) / regresar a la capital

_____

5. resolver ese problema / antes de que / los ciudadanos / quejarse

_____

6. ser presidente / hasta que / expirar/ mi período

_____

14-5. Complete cada oración con la forma correcta del verbo entre paréntesis. Use el presente del subjuntivo o el pretérito según la oración.

1. (recibir)   Haré el viaje con los voluntarios tan pronto como

_____ el dinero.

Hice el viaje con los voluntarios tan pronto como

_____ el dinero.

2. (llegar)   Esperé hasta que _____ mi pasaporte.

Esperaré hasta que _____ mi pasaporte.

3. (decirme)   Determinaré el itinerario después de que tú _____

_____ en qué trabajo vamos a participar.

Determiné el itinerario después de que tú _____

_____ en qué trabajo íbamos a participar.

14-6. ¿Cómo se dice en español?

1. **a)** I will call them (*m.*) before leaving.

_____

b) I will call them before they leave.

_____

2. a) We will pack after washing the clothes.

_____

b) We will pack after you (*fam.*) wash the clothes.

_____

14-7. Dígale a su mejor amigo/a cuatro cosas que los dos van a hacer cuando ciertas cosas ocurran. Use las expresiones de la lista.

con tal que   cuando   después de que   tan pronto como

Vamos a... _____

_____

_____

_____

Estructuras

2. Talking about what would happen: The conditional tense

14-8. Imagine que usted y sus amigos tienen un nuevo trabajo. ¿Qué dijo su gerente? Escriba oraciones según el modelo. Use el condicional.

Modelo: decir / (nosotros) / firmar los contratos el viernes 5
              Dijo que firmaríamos los contratos el viernes 5.

1. decir / (nosotros) / empezar a trabajar el lunes 8

_____

2. decir / Pablo y Lidia / conocer a la jefa mañana

_____

3. decir / (yo) / tener que trabajar tarde los miércoles

_____

4. decir / Carmen / poder salir del trabajo temprano y completarlo en casa

_____

Copyright © 2004 John Wiley & Sons, Inc.

5. decir / (tú) / aprender a usar las máquinas nuevas sin problema

_____

6. decir / (yo) / recibir un aumento de salario en tres meses

_____

7. decir / Elena y Anita / hacer una variedad de cosas interesantes en el trabajo

_____

8. decir / (a nosotros) / gustarnos mucho trabajar para su compañía

_____

14-9. ¿Qué haría usted en los siguientes lugares? Escriba oraciones, usando el condicional. Use la imaginación.

> **Modelo:** en Alaska
> **Viviría en un iglú, comería mucho pescado,...**

1. en Puerto Rico

_____

2. en los Andes

_____

3. en la selva amazónica

_____

4. en el desierto del Sahara

_____

Estructuras

3. Hypothesizing: *If* clauses

14-10. Indique las condiciones y los resultados de las siguientes situaciones imaginarias. Cambie el primer verbo al imperfecto del subjuntivo y el segundo al condicional.

> **Modelo:** si (yo) / poder / ayudar a los desamparados
> **Si yo pudiera, ayudaría a los desamparados.**

1. si (nosotros) / tener el dinero / dárselo a los pobres

_____

2. si (yo) / ser presidente(a) / resolver los problemas de nuestro país

_____

3. si (yo) / trabajar en la ONU / luchar por la paz mundial

_____

4. si los científicos / encontrar una cura para el cáncer / (nosotros) estar muy contentos

_____

5. si todos los países / proteger el medio ambiente / salvar nuestro planeta

_____

14-11. Diga tres cosas que haría si las siguientes condiciones fueran reales.

> **Modelo:** sacarme la lotería
> **Si me sacara la lotería compraría una casa en la playa, haría un viaje a… y pondría el resto en el banco.**

1. mi novio/a dejarme por otro/a

_____

_____

Dicho y hecho: Cuaderno de ejercicios escritos

2. poder hablar con un extraterrestre

_____

_____

_____

3. ir a las fiestas de San Fermín en Pamplona

_____

_____

_____

14-12. Antonio y Miguelito están contemplando las estrellas. ¿Cuáles son sus fantasías? Escriba cuatro oraciones usando la construcción **si yo...** + *imperfecto del subjuntivo...*

Si yo... _____

_____

_____

_____

Estructuras

14-13. Indique sus deseos. Escriba oraciones usando **Ojalá que...** y el imperfecto del subjuntivo.

Modelo: ganarse la lotería
Ojalá que me ganara la lotería.

1. tener un coche nuevo

   _____

2. poder viajar por todo el mundo

   _____

3. hablar cinco lenguas

   _____

4. ser famoso/a

   _____

5. conocer bien todas las regiones de este país

   _____

6. estar en...

   _____

7. (*original*)

   _____

Repaso general

14-14. Conteste las preguntas con oraciones completas.

1. ¿Qué le preguntaría al presidente de su país si pudiera hacerle sólo una pregunta?

   _____

   _____

2. Si usted fuera presidente/a, ¿qué haría para resolver los problemas del país?

   _____

   _____

3. ¿Bajo qué condiciones estaría usted contentísimo/a?

   Estaría contentísimo/a si... _____

   _____

4. ¿Qué haría usted para demostrarle a su media naranja que lo/la quiere?

   _____

   _____

14-15. Indique:

- lo que temía Antonio;
- lo que sentían Antonio y Miguelito;
- los deseos de ellos para mejorar nuestro mundo.

_____

_____

_____

_____

Check your answers with those given in the *Answer Key* and make all necessary corrections with a pen or pencil of a different color.

Internet Discovery

El Mundo

El Mundo is a newspaper in Madrid, Spain, which offers a very complete online newspaper in Spanish.

1. Go to the **Dicho y hecho** Book Companion Website @ www.wiley.com/college/dawson and follow the link to the *El Mundo* website. Write down five links on the home page that you would like to investigate.

   a) _____

   b) _____

   c) _____

   d) _____

   e) _____

2. Click on *Horóscopos* (under *Servicios*). Find your horoscope.

   a) What is the name of your sign in Spanish?

   _____

   b) What are the dates for your sign?

   _____

   c) What is your astrological prediction for today?

   _____

3. Return to the home page and click on *El tiempo* (under *Servicios*). What is the weather like today in Barcelona?

   _____

   _____

   _____

4. Return to the home page and find an article (in any category and on any subject) and read it for the main idea. What was it about?

   _____

   _____

   _____

LAB MANUAL

Manual de laboratorio

Para empezar: Nuevos encuentros

Chapter overview

In order to do the Lab Manual activities for this chapter, you will need either CD 1 or audio cassette 1A. Listen to the recording as many times as you need to in order to do the activities. Write down the track number as you listen to the material so you can find the activities easily when you listen to them again.

Actividad		*Page number*	*Track*
P-1.	Las presentaciones	LM 2	_____
P-2.	¿De dónde son los estudiantes?	LM 4	_____
P-3.	¿Sí o no?	LM 4	_____
P-4.	Los saludos	LM 5	_____
P-5.	Los saludos y las presentaciones	LM 6	_____
P-6.	Soy muy cortés	LM 6	_____
P-7.	De cinco en cinco	LM 6	_____
P-8.	Los números de teléfono	LM 7	_____
P-9.	El básquetbol	LM 7	_____
P-10.	Los días de la semana	LM 8	_____
P-11.	Los cumpleaños	LM 8	_____
P-12.	El Día de la Independencia	LM 9	_____
P-13.	¿Qué hora es?	LM 10	_____
P-14.	Las nacionalidades	LM 10	_____

P-1. **Las presentaciones.** Repeat each expression. Follow the numbers on the illustrations so that you will know who is speaking.

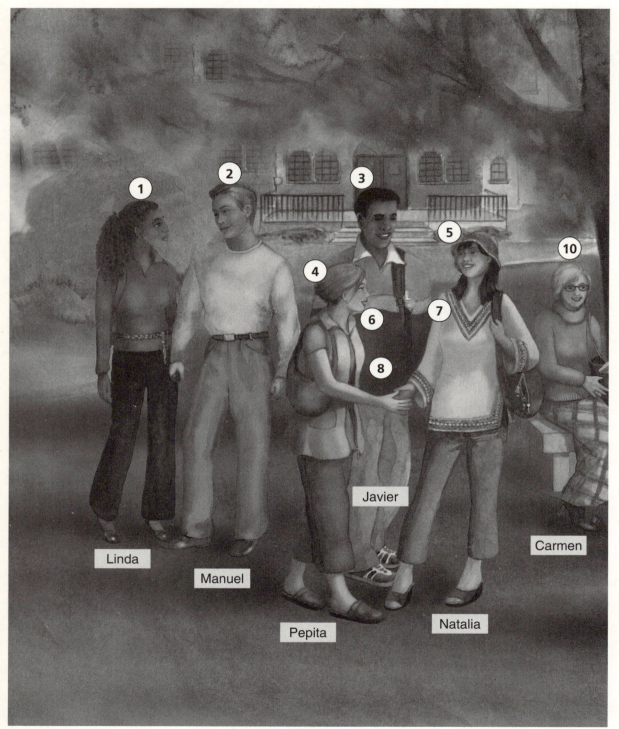

Linda

Manuel

Pepita

Javier

Natalia

Carmen

Alfonso

Octavio

Inés

la profesora Falcón

Estructuras

1. Subject pronouns and the verb *ser*

P-2. **¿De dónde son los estudiantes?** Octavio talks about diversity at his university, telling where several of his friends are from. As he speaks, fill in the first blank with the correct form of the verb **ser.** Then listen again and fill in the second blank with the country of origin that corresponds to each person.

> *Countries of origin:*   Cuba   Puerto Rico   Argentina
> los Estados Unidos   España

Octavio dice (*says*):

Yo _____ de _____ .

Anita y yo _____ de _____ .

Roberto _____ de _____ .

Tomás y Tania _____ de _____ .

Inés _____ de _____ .

Tú _____ de _____ .

P-3. **¿Sí o no?** Can you predict the probable personality traits of the persons in the illustrations? Answer the yes/no questions in complete sentences. Listen for confirmation.

Modelos:	You hear:	¿Es Octavio generoso?
	You say:	**Sí, es generoso.**
	Confirmation:	Sí, es generoso.
	or	
	You hear:	¿Es Héctor arrogante?
	You say:	**No, no es arrogante.**
	Confirmation:	No, no es arrogante.

1.

2.

3.
Linda Manuel

4.

Así se dice

Greetings and expressions of well-being and farewell

P-4. **Los saludos.** Repeat each phrase in the following formal and informal conversations. Pay attention to how combinations of two vowels and combinations of consonants and vowels are linked.

Formal:

PROFESOR RUÍZ: Buenos días, señorita. /

SUSANA: Buenos días. / ¿Cómo está usted? /

PROFESOR RUÍZ: Muy bien, gracias. / ¿Y usted? /

SUSANA: Bien, gracias. /

Informal:

LUIS: ¡Hola! /

OLGA: ¡Hola! ¿Cómo estás? /

LUIS: Fenomenal. / ¿Y tú? /

OLGA: Muy bien, gracias./

LUIS: ¿Qué hay de nuevo? /

OLGA: Pues, nada. / Voy a la clase de historia. /

LUIS: Bueno, hasta luego. /

OLGA: Adiós. /

✎ **P-5.** **Los saludos y las presentaciones.** Each greeting, question, or expression will be read twice. Write a logical response to each.

1. _____

2. _____

3. _____

4. _____

5. _____

6. _____

Así se dice

Expressions of courtesy

P-6. **Soy muy cortés (*polite*).** Say the expression of courtesy that is appropriate to each situation. Select from the list provided. Listen for confirmation and repeat the correct response.

> Perdón/Disculpe.   Muchas gracias.   Lo siento mucho.   De nada.   Con permiso.

1. ...   2. ...   3. ...   4. ...   5. ...

Así se dice

Counting from 0–99 and exchanging telephone numbers

P-7. **De cinco en cinco.** Count by fives from five to ninety five. Listen for confirmation and repeat the correct response.

5, 10, 15, 20, 25, 30, 35, 40, 45, 50, 55, 60, 65, 70, 75, 80, 85, 90, 95

P-8. **Los números de teléfono.** In Spanish, the digits of phone numbers are usually given in pairs. Listen to the following phone numbers and write the missing number for each in the blank provided. You will hear each phone number twice.

1. 4–86–05–_____

2. 3–98–02–_____

3. 9–74–17–_____

4. 8–61–15–_____

5. 7–55–13–_____

P-9. **El básquetbol.** Listen to the radio announcer as he gives the scores for four games. Write the score for each team in the line provided.

La Universidad de Nuevo México: _____

La Universidad de Illinois: _____

La Universidad de Arizona: _____

La Universidad de Colorado: _____

La Universidad de Tejas A y M: _____

La Universidad de Virginia: _____

La Universidad de California, Los Ángeles: _____

La Universidad de San Diego: _____

Así se dice

Indicating days of the week

P-10. **Los días de la semana.** Listen to the following conversations in which students talk about their weekly schedules and activities. As you listen, write the day of the week that corresponds to each class or activity.

1. El laboratorio de biología de Paula se reúne los _____.

2. La clase de música de José se reúne dos días por semana:

   los _____ y los _____.

3. Martín y Tomás van a (*are going to*) jugar al tenis el _____ por la tarde.

4. La fiesta es el _____ por la noche.

Así se dice

Indicating months, dates, and birthdays

P-11. **Los cumpleaños.** Remember that when dates are given in numbers, the day precedes the month. Give the birthday for each of the following persons. Listen for confirmation and repeat the correct response.

> **Modelo:** Octavio: 2/7
> You hear: Octavio
> You say: **el dos de julio**
> Confirmation: el dos de julio
> You repeat: **el dos de julio**

1. Inés: 15/4

2. Linda: 1/3

3. Manuel: 13/6

4. Alfonzo: 11/10

5. Pepita: 14/12

P-12. **El Día de la Independencia.** In the Hispanic world, the dates for celebrating Independence Day vary from country to country. Repeat the name of each Hispanic country in the Americas and locate it on the map. In the blanks provided, jot down the day and month that each celebrates its Independence Day.

Modelo:

You hear: Puerto Rico
You repeat: **Puerto Rico** (and locate it on the map)
You hear: el 4 de julio
You write: *el 4 de julio*

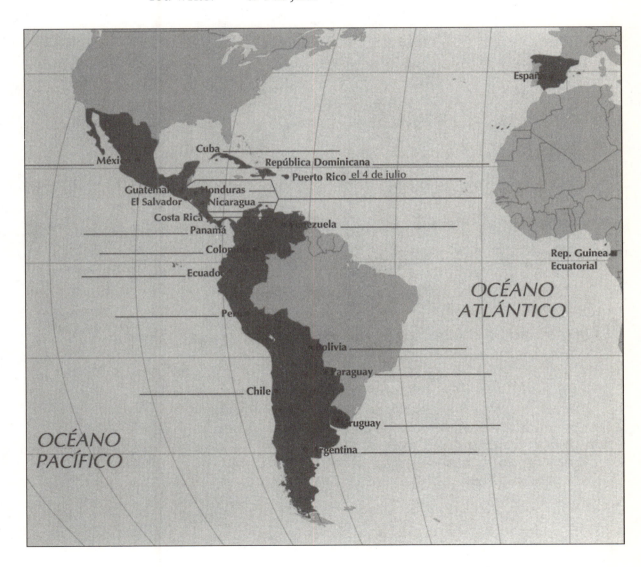

Así se dice

Telling time

P-13. **¿Qué hora es?** Tell the time on each clock. Listen for confirmation.

1.  A.M.
2.  A.M.
3.  A.M.
4.

5.  P.M.
6.  P.M.
7.  P.M.
8.

Así se dice

Nationalities of the Hispanic world

P-14. **Las nacionalidades.** Give the nationality of each person, according to their country of origin. Repeat the correct response.

> **Modelo:**
> You hear: Él es de México.
> You say: **Es mexicano.**
> Confirmation: Es mexicano.
> You repeat: **Es mexicano.**

1. ...   2. ...   3. ...   4. ...   5. ...

6. ...   7. ...   8. ...   9. ...   10. ...

Capítulo 1

La vida universitaria

Chapter overview

In order to do the Lab Manual activities for this chapter, you will need either CD 1 or audio cassette 1B. Listen to the recording as many times as you need to in order to do the activities. Write down the track number as you listen to the material so you can find the activities easily when you listen to them again.

1-1. **En el laboratorio y en la clase.** Identify each object following the numbers. Listen for confirmation and repeat each word or phrase.

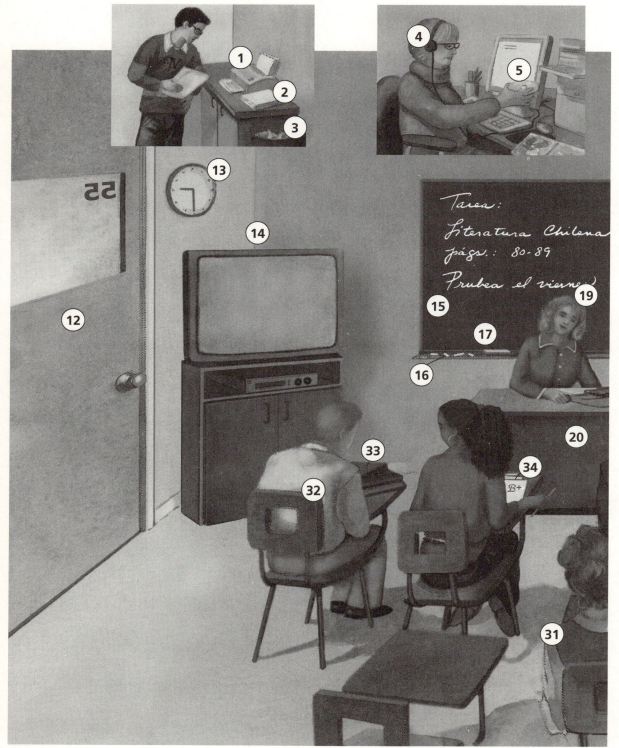

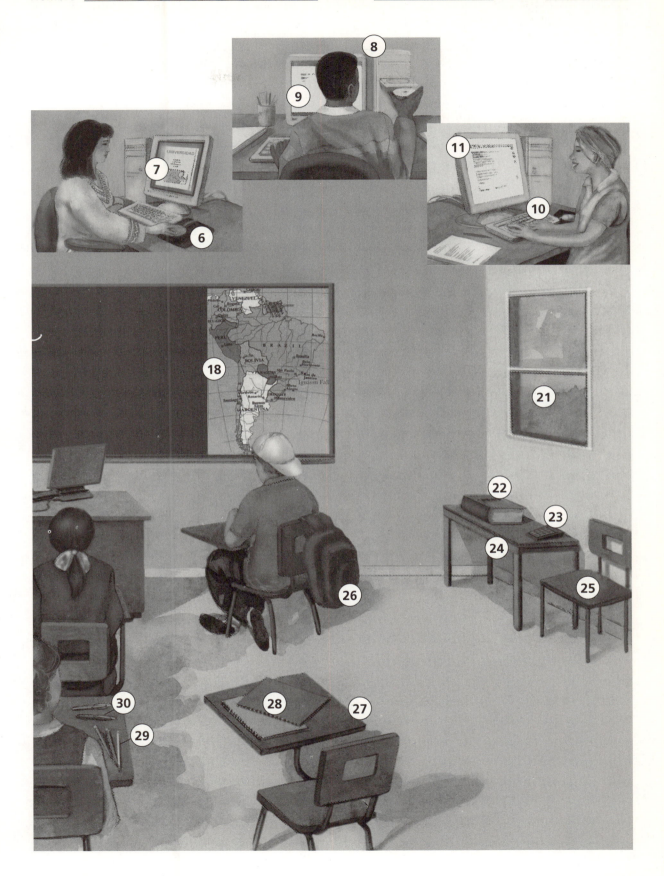

1-2. **Compulandia García.** Listen to what "Compulandia García" has to offer. As you listen, fill in the missing information.

```
            _____
              Memorias
              Scanners
            _____
            _____  Duros
              Módems
              Multimedia
                      _____
       Impresoras a _____
       Garantizamos nuestro equipo.
       Asistencia técnica 24 horas.
```

OFICINA CENTRAL: AVENIDA 25 MIAMI 33427
http://garciacompu/usa.com
SUCURSALES: MÉXICO, _____, ARGENTINA, _____, ISRAEL

Estructuras

1. Nouns and definite and indefinite articles

1-3. **Instrucciones.** You are the Spanish professor and you ask your students to write each of the items indicated. Use the definite article (**el, la, los, las**). Repeat the correct response.

> **Modelo:**
> You hear: preguntas
> You say: **Escriban las preguntas.**
> Confirmation: Escriban las preguntas.
> You repeat: **Escriban las preguntas.**

1. ...   2. ...   3. ...   4. ...   5. ...   6. ...

1-4. **¿Qué hay en la clase de español?** Say that in your Spanish class there is one of each of the items mentioned. Use the indefinite article **un** or **una.** Repeat the correct response.

> **Modelo:**
> You hear: mesa
> You say: **Hay una mesa.**
> Confirmation: Hay una mesa.
> You repeat: **Hay una mesa.**

1. ...   2. ...   3. ...   4. ...   5. ...   6. ...

1-5. **¿Hay uno o dos?** Your classmate asks if there is one or if there are two of each item in the classroom/on the professor's desk. You respond that there are two, and thus change the noun from singular to plural. Listen for confirmation and repeat the correct response.

> **Modelo:** You hear: En el aula, ¿hay una puerta o dos?
> You say: **Hay dos puertas.**
> Confirmation: Hay dos puertas.
> You repeat: **Hay dos puertas.**

En el aula:

1. ...   **2.** ...   **3.** ...   **4.** ...

En el escritorio de la profesora:

5. ...   **6.** ...   **7.** ...   **8.** ...

Estructuras

2. *Ir* + *a* + destination

1-6. **¿Adónde van?** Three groups of students chat. Listen to the three conversations, and as you listen, mark with an **X** the places where the students are going.

1. ☐ al gimnasio

☐ a la cafetería

☐ a la librería

2. ☐ a la residencia estudiantil

☐ a la biblioteca

☐ al laboratorio de química

3. ☐ a casa

☐ al centro estudiantil

☐ a la oficina de la profesora Murphy

Listening hint: In this and all listening comprehension exercises, you may find it useful to listen to each selection three times: the first time to become familiar with it, the second to write your answers, and the third to check your answers.

1-7. **Preguntas personales.** Answer the questions in complete sentences.

Modelos:	You hear:	¿Vas a la librería esta tarde?
	You say:	**Sí, voy a la librería esta tarde.** *o*
		No, no voy a la librería esta tarde.
	Confirmation:	Sí, voy a la librería esta tarde. *o*
		No, no voy a la librería esta tarde.
	You hear:	¿Van ustedes a la cafetería ahora?
	You say:	**Sí, vamos a la cafetería ahora.** *o*
		No, no vamos a la cafetería ahora.
	Confirmation:	Sí, vamos a la cafetería ahora. *o*
		No, no vamos a la cafetería ahora.

1. ...   **2.** ...   **3.** ...   **4.** ...   **5.** ...   **6.** ...

Estructuras

3. Regular -ar verbs

1-8. **El horario de Natalia.** Listen to Natalia's schedule and fill in the missing information.

¿CUÁNDO?	ACTIVIDAD
	llega a la Universidad
8:15	
	va a clase
al mediodía	
por la tarde	
	o...
6:00	
	prepara sus lecciones
por la noche	
	y...

1-9. Actividades de los estudiantes universitarios. Imagine that you are participating in all of the following activities. Say that other persons are also participating. Follow the model and listen for confirmation.

> **Modelos:**
>
> You hear: Trabajo por la noche. (Pedro)
> You say: **Trabaja por la noche.**
> Confirmation: Trabaja por la noche.
>
> You hear: (nosotros)
> You say: **Trabajamos por la noche.**
> Confirmation: Trabajamos por la noche.

1. ...   **2.** ...   **3.** ...   **4.** ...

1-10. Natalia y Esteban. Answer the questions according to the drawings. Listen for confirmation.

1.

Natalia

2.

Esteban

4. Regular *-er* and *-ir* verbs; *hacer* and *salir*

1-11. Octavio y sus amigos. Listen to what Octavio has to say about his and his friends' activities. As you listen, write the verb that corresponds to each activity. The narration will be read a second time. Confirm your responses.

Mis amigos y yo _____ a la Universidad Politécnica de California

y _____ en una residencia estudiantil. En las clases

_____ y _____ mucho y

participamos con frecuencia en las discusiones. Al mediodía

_____ en el restaurante de la universidad y hablamos

de mil cosas. Por la tarde estudiamos y con frecuencia _____

ejercicio en el gimnasio. Por la noche a veces (*sometimes*)

_____ .

1-12. Actividades académicas. Imagine that you are participating in all of the following activities. Say that other persons are also participating. Follow the model and listen for confirmation.

Modelos:	You hear:	Los estudiantes aprenden todo el vocabulario. (yo)
	You say:	**Aprendo todo el vocabulario.**
	Confirmation:	Aprendo todo el vocabulario.
	You hear:	(Alberto)
	You say:	**Aprende todo el vocabulario.**
	Confirmation:	Aprende todo el vocabulario.

1. ...   **2.** ...   **3.** ...   **4.** ...

1-13. Preguntas para usted. Answer the following questions in complete Spanish sentences. You will hear each question twice.

1. _____
2. _____
3. _____
4. _____
5. _____
6. _____

Capítulo

Así es mi familia

Chapter overview

In order to do the Lab Manual activities for this chapter, you will need either CD 2 or audio cassette 2A. Listen to the recording as many times as you need to in order to do the activities. Write down the track number as you listen to the material so you can find the activities easily when you listen to them again.

2-1. **Un álbum de fotos.** Indicate the relationship between the individuals in the family photo. Follow the numbers.

Noé y Lucía, Andrés y Julia, Ana,
Juanito y Elena, Antonio y Elisa,
Rodolfo, Teo

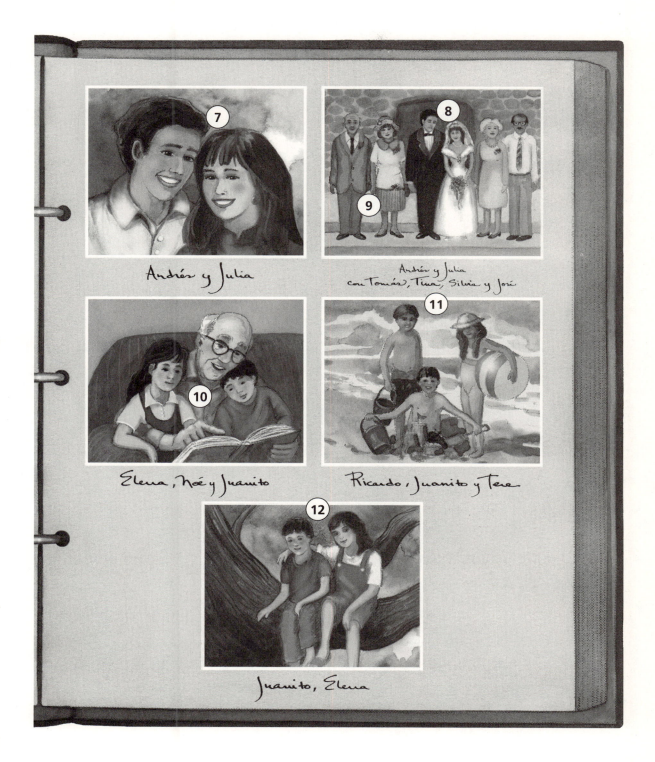

Andrés y Julia

Andrés y Julia
con Tomás, Tina, Silvia y José

Elena, Noé y Juanito

Ricardo, Juanito y Tere

Juanito, Elena

Estructuras

1. The verb *tener* and *tener... años*

2-2. **Los cumpleaños.** Listen to the conversation. Pepita and her friend Natalia talk about Pepita's birthday and the ages of her favorite grandmother and great grandmothers. As you listen, mark the appropriate age with an **X**.

1. Pepita cumple... ☐ 20 años   ☐ 21 años

2. Su abuela favorita cumple... ☐ 65 años   ☐ 55 años

3. Una de sus bisabuelas tiene... ☐ 75 años   ☐ 85 años

4. Su otra (*other*) bisabuela tiene... ☐ 87 años   ☐ 97 años

2-3. **¿Cuántos años tienen?** Answer the following questions in complete Spanish sentences. You will hear each question twice.

1. _____

2. _____

3. _____

4. _____

Así se dice

Relaciones personales

2-4. **Carmen y sus gemelas (*twin girls*).** Listen to what Carmen has to say about her life as a single mother with twins. As you listen, complete the narration by writing the appropriate verb and the "personal **a**" in the blanks provided.

Mis gemelas, Tina y Mari, tienen tres años. _____ _____ mis hijas con todo el corazón. Cuando voy al trabajo o a la universidad, mi tía o la niñera _____ _____ las niñas. Todas las mañanas, al salir de la casa, _____ y _____ _____ Tina y a Mari. Mis padres y mis abuelos, que viven en Puerto Rico, _____ _____ las niñas todos los sábados. Ellos nos visitan dos veces al año.

Estructuras

2. Possessive adjectives and possession with *de*

A. Possessive adjectives

2-5. **Vamos a la reunión.** Indicate with whom each person is attending the reunion. Listen for confirmation and repeat the correct response.

Modelo: You hear: ¿Con quién vas a la reunión? (tíos)
             You say: **Voy con mis tíos.**
             Confirmation: Voy con mis tíos.
             You repeat: **Voy con mis tíos.**

B. Possession with *de*

2-6. **Familiares y amigos.** Indicate the relationship between the individuals as portrayed in the illustrations. Listen for confirmation and repeat the correct response.

hermanas

Modelo: You hear: ¿Quién es Conchita?
             You say: **Es la hermana de Camila.**
             Confirmation: Es la hermana de Camila.
             You repeat: **Es la hermana de Camila.**

1.

madre e hijas

2.

abuelo y nieto

3.
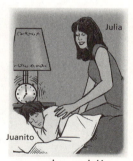
madre e hijo

4.

hermanos

5.

amigas

3. Descriptive adjectives

2-7. Descripciones. Describe the persons in the drawings. Answer the questions and listen for confirmation.

1.

2.

3.

4.

5.

6.

7.

Así se dice

Algunas profesiones

2-8. Algunas profesiones. According to the drawings, identify the profession of each person. Listen for confirmation and repeat the correct response.

1.

el señor Vega

2.

la señora Vega

3.

el doctor López

4.

la señorita Rojas

5.

el señor Gómez

6.

la señorita Cortés

2-9. Anuncios de empleo. First, listen to the following job ads. Then, listen to the description of each person and determine which job is best suited to him/her. In the blank provided, write the letter (**a.**, **b.**, ...) that corresponds to the appropriate job.

_____ **1.** Laura González

_____ **2.** Pedro Sánchez

_____ **3.** Pablo Caputo

_____ **4.** Fernanda Blanco

_____ **5.** Ana Rojas

a. ASISTENTES DE MARKETING relacionadores públicos.

Entrevista personal, lunes 20 de julio, de 10:00 a 13:00 hrs. y de 16:00 a 18:00 hrs. en Av. 11 de Septiembre, 1987, piso 10, oficina 120.

b. CONTADOR/A AUDITOR/A

con experiencia y recomendaciones para administración y finanzas. Enviar currículum al Fax: **2-27-52-84**

c. PROFESORA DE AEROBICS

Urgente necesito. Presentarse lunes de 8:30 en adelante.

Zapatillo 85, San Bernardo. 8-58-43-21

d. DISEÑADOR/A GRÁFICO/A

(OPERADOR/A MACINTOSH) con experiencia mínima dos años en scanner y matricería digital.

Enviar currículum a Fonofax: 8-56-12-87

e. PROFESOR/A DE COMPUTACIÓN

laboratorio multimedia, disponibilidad inmediata. Currículum personalmente. Avenida Colón 36715, la Cisterna.

Estructuras

4. The verb *estar*

A. Indicating location of people, places, and things

2-10. **¿Dónde están?** Imagine that you and some of your friends are in the following photos. Answer the questions to say where you are. Listen for confirmation and repeat the correct response.

> **Modelo:**
> You hear: ¿Dónde está Ricardo?
> You say: **Ricardo está en la escuela.**
> Confirmation: Ricardo está en la escuela.
> You repeat: **Ricardo está en la escuela.**

1.

2.

3.

4.

B. Describing conditions

2-11. **¿Quién habla? ¿Y cómo está?** First, identify who is speaking according to the description. Then write the word that best describes the condition of the person.

Natalia

Modelo:	You hear:	Tengo mucha tarea y un examen mañana. ¿Quién habla?
	You say:	**Natalia.**
	Confirmation:	Natalia.
	You hear:	¿Cómo está?
	You say:	**Está muy ocupada.**
	Confirmation:	Está muy ocupada.
	You write:	...ocupada

Está muy... _ocupada_.

1.

Rubén

Está muy _____.

2.

Camila

Está muy _____.

3.

Octavio

Está muy _____.

4.

Alfonso

Está muy _____.

5.

Carmen

Está muy _____

o _____.

6.

Manuel
Linda

Está muy _____.

Está _____.

2-12. Una de mis personas favoritas. Write the name of one of your favorite persons in the blank provided. Listen to each descriptive word or phrase and determine if it applies to the person. Mark **sí** or **no** with an **X**. Then write the word or phrase in the appropriate column. Listen for confirmation.

> **Modelo:** You hear: amable
> You mark: **X sí** ☐ **no**
> You write: *amable* in the **es** column.
> Confirmation: Sí, es amable.

Una de mis personas favoritas es: _____

	es	está
X sí ☐ no	*amable*	
☐ sí ☐ no		
☐ sí ☐ no		
☐ sí ☐ no		
☐ sí ☐ no		
☐ sí ☐ no		
☐ sí ☐ no		

✎ **2-13. Preguntas para usted.** Answer the following questions in complete Spanish sentences. You will hear each question twice.

1. _____

2. _____

3. _____

4. _____

5. _____

3 ¡A la mesa!

Capítulo

Chapter overview

In order to do the Lab Manual activities for this chapter, you will need either CD 2 or audio cassette 2B. Listen to the recording as many times as you need to in order to do the activities. Write down the track number as you listen to the material so you can find the activities easily when you listen to them again.

3-1. **En el mercado central.** Repeat each word, following the numbers. Also answer the questions and listen for the correct response.

3-2. **¿Cuáles son las comidas que previenen el cáncer?** Listen to the list of cancer-preventing foods. As you listen, place an **X** by each food item that is mentioned.

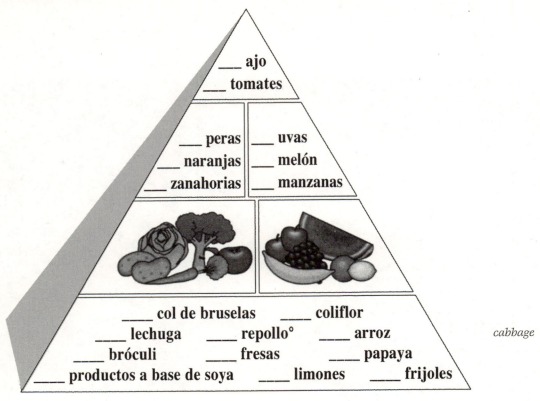

___ ajo
___ tomates

___ peras   ___ uvas
___ naranjas   ___ melón
___ zanahorias   ___ manzanas

____ col de bruselas   ____ coliflor
____ lechuga   ____ repollo°   ____ arroz   *cabbage*
____ bróculi   ____ fresas   ____ papaya
____ productos a base de soya   ____ limones   ____ frijoles

Now examine the foods that you have marked and count how many of those you eat frequently. Write the number: _____. Listen to your prognosis.

Estructuras

1. The verb *gustar*

3-3. **¡Me gusta!** Answer the following questions to indicate the likes or dislikes of the persons mentioned. Repeat the correct response.

Modelo: You hear: ¿Le gustan a usted las fresas?
              You say: **Sí, me gustan las fresas.**   *o*
                             No, no me gustan las fresas.
              Confirmation: Sí, me gustan las fresas.   *o*
                             No, no me gustan las fresas.
              You repeat: **Sí, me gustan las fresas.**   *o*
                             No, no me gustan las fresas.

1. ...   2. ...   3. ...   4. ...   5. ...   6. ...   7. ...   8. ...

Estructuras

2. Stem-changing verbs

3-4. **Los hábitos y las preferencias de Pepita.** Listen to the four conversations between Alfonso and Pepita. As you listen, mark with an **X** Pepita's habits and preferences.

1. Pepita duerme: ☐ de 8 a 9 horas ☐ 5 horas

2. Pepita almuerza: ☐ en la cafetería ☐ en el centro estudiantil

3. Pepita prefiere: ☐ la comida de McDonald's ☐ la comida de Olive Garden

4. Pepita y sus amigas piden: ☐ la pizza con ajo y cebollas ☐ la pizza con jamón y piña

3-5. **La confesión de Esteban.** Listen to Esteban's narration about his lazy habits. As you listen, write the missing verbs in the blanks. The paragraph will be read a second time. Check your responses.

Sí, es verdad. Soy un poco perezoso —bueno, muy perezoso.

_____ estudiar por la noche, cuando estudio. Por la

tarde _____, _____ a mi cuarto,

y luego _____ la siesta. Es mi rutina; de lo contrario no

_____ funcionar bien el resto del día. Verdaderamente

_____ que es indispensable recargar las baterías. No

_____ a esa gente que trabaja sin descanso. Es necesario

saber vivir. ¿Para qué _____ las buenas notas cuando uno

es infeliz?

3-6. *Querer y poder.* Answer the following questions. Mark with an **X** the verb that you used in your answer. Listen for confirmation.

> **Modelo:** You hear: ¿Quieres almorzar ahora?
> You say: **Sí, quiero almorzar ahora.** *o*
> **No, no quiero almorzar ahora.**
> You mark: **X** quiero
> Confirmation: Sí, quiero almorzar ahora. *o*
> No, no quiero almorzar ahora.

1. _____ quiero _____ quieres _____ quiere _____ queremos _____ quieren

2. _____ quiero _____ quieres _____ quiere _____ queremos _____ quieren

3. _____ quiero _____ quieres _____ quiere _____ queremos _____ quieren

4. _____ puedo _____ puedes _____ puede _____ podemos _____ pueden

5. _____ puedo _____ puedes _____ puede _____ podemos _____ pueden

6. _____ puedo _____ puedes _____ puede _____ podemos _____ pueden

Así se dice

Más comidas y las bebidas

3-7. **¿Qué comidas y bebidas hay?** Identify the foods and beverages according to the drawings. Follow the numbers. Listen for confirmation.

A.

B.

C.

D.

E.

F.

3-8. **El desayuno en un restaurante mexicano-americano.** Listen to the following conversation. As you listen, mark with an **X** the foods and beverages that Linda and Manuel each order.

Linda pide:
- ☐ un yogur de fresa
- ☐ huevos fritos
- ☐ pan tostado con mantequilla
- ☐ jugo de naranja
- ☐ café

- ☐ un yogur de vainilla
- ☐ huevos revueltos
- ☐ pan tostado sin mantequilla
- ☐ jugo de manzana
- ☐ té

Manuel pide:
- ☐ huevos fritos
- ☐ tocino
- ☐ café con crema y azúcar
- ☐ jugo de naranja

- ☐ huevos rancheros
- ☐ salchicha
- ☐ café sin crema ni azúcar
- ☐ agua

Estructuras

3. Counting from 100 and indicating the year

3-9. **En el mercado.** Imagine that you are going grocery shopping. Listen to the following list of items for sale and their prices. As you listen, write the prices (**pesos el kilo**) for each item.

ESPECIAL DEL DÍA

tomates _____100_____/k.
papas_____/k.
cebollas_____/k.
uvas_____/k.
fresas_____/k.
pescado_____/k.
camarones_____/k.

Now listen to the combinations of vegetables, fruits, or seafood that you are going to buy. Calculate the price and write it down. Listen for confirmation.

1. _____

2. _____

3. _____

4. _____

5. _____

6. _____

3-10. Restaurantes muy antiguos (*old*). Write the year in which each of the following restaurants was established. Listen for confirmation and repeat the correct response.

1. Hotel Restaurante la Diligencia, Tarragona, España: _____

2. Casa Botín, Madrid, España: _____

3. Delmonico's, Nueva York, Nueva York: _____

4. Venta de Aires, Toledo, España: _____

5. Restaurante Richmond, Buenos Aires, Argentina: _____

6. Restaurante El Faro, Nueva York, Nueva York: _____

7. Restaurante El Quijote, Nueva York, Nueva York: _____

Estructuras

4. Interrogative words (A summary)

3-11. Solicitando información. Listen to each statement and mark with an **X** the question that corresponds to it. Listen for confirmation and repeat the correct response.

Modelo:
You hear: La señora Martínez no es la profesora.
You mark: **X** ¿Quién es la profesora?
☐ ¿Quiénes son los profesores?
Confirmation: ¿Quién es la profesora?
You repeat: **¿Quién es la profesora?**

1. ☐ ¿Dónde está? ☐ ¿De dónde es?

2. ☐ ¿Adónde va? ☐ ¿Dónde vive?

3. ☐ ¿Cuál es su ciudad favorita? ☐ ¿En qué ciudad está?

4. ☐ ¿Cuántos hijos tiene? ☐ ¿Cuántas hijas tiene?

5. ☐ ¿Cuánto trabaja? ☐ ¿Cuándo trabaja?

6. ☐ ¿Por qué estudia? ☐ ¿Qué estudia?

7. ☐ ¿Adónde va? ☐ ¿De dónde es?

✎ **3-12. Preguntas para usted.** Answer the following questions in complete Spanish sentences. You will hear each question twice.

1. _____

2. _____

3. _____

4. _____

5. _____

Capítulo 4 — Recreaciones y pasatiempos

Chapter overview

In order to do the Lab Manual activities for this chapter, you will need either CD 3 or audio cassette 3A. Listen to the recording as many times as you need to in order to do the activities. Write down the track number as you listen to the material so you can find the activities easily when you listen to them again.

4-1. **Un sábado por la tarde.** It's Saturday afternoon and many people are enjoying the park. According to the drawing, indicate which pastime or sport each person likes. Follow the numbers.

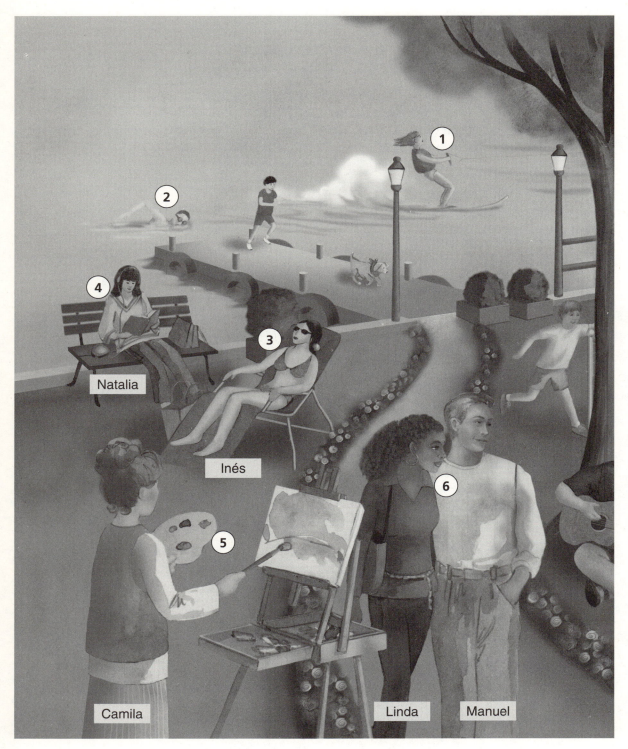

Listening hint: In Exercise 4-2 that follows and in all listening comprehension exercises you may find it useful to listen to each selection three times: the first time to become familiar with it, the second to write your answers, and the third to check your answers.

4-2. Gimnasio-Club Deportivo. Determine in which club activities Pepita, Linda, and Octavio probably want to participate. Listen to their interests and write a **P** (Pepita), an **L** (Linda), or an **A** (Alfonso) by the preferred activities of each.

GIMNASIO-CLUB DEPORTIVO

_____ Equipo cardiovascular
_____ Pesas
_____ Aeróbic
_____ Karate
_____ Taekuondo
_____ Piscina°/Natación
_____ Clases/Torneos de tenis
_____ Tenis de mesa

swimming pool

Abierto lunes–viernes 6:00 A.M.–10:00 P.M.
sábado, domingo 8:00 A.M.–6:00 P.M.
Avenida del Mar, 10097

Estructuras

1. Additional *yo*-irregular verbs

A. *Saber* and *conocer*

4-3. *¿Saber o conocer?* Listen to each cue provided. Then make a negative or affirmative statement and select **sé** or **conozco** to accurately complete each sentence. Mark your answer with an **X** and listen for confirmation.

Modelo:	You hear:	hablar francés
	You say:	**Sí, sé hablar francés.** *o* **No, no sé hablar francés.**
	You mark:	☒ sé ☐ conozco
	Confirmation:	Sí, sé hablar francés. *o* No, no sé hablar francés.

1. ☐ sé ☐ conozco   5. ☐ sé ☐ conozco

2. ☐ sé ☐ conozco   6. ☐ sé ☐ conozco

3. ☐ sé ☐ conozco   7. ☐ sé ☐ conozco

4. ☐ sé ☐ conozco   8. ☐ sé ☐ conozco

B. Additional verbs with an irregular *yo* form

4-4. **¿Qué hace Pepita? ¿Y usted?** Referring to the drawings, answer the questions to say what Pepita does every day. Then answer the personal question. Listen for confirmation.

> **Modelo:** You hear: ¿Qué hace Pepita por la mañana?
> You say: **Hace ejercicio.**
> Confirmation: Hace ejercicio.
> You hear: ¿Hace usted ejercicio por la mañana?
> You say: **Sí, hago ejercicio por la mañana.** *o* **No, no hago ejercicio por la mañana.**

1.

2.

3.

4.

4-5. **Preguntas para usted.** Answer the following questions in complete sentences. You will hear each question twice.

1. _____
2. _____
3. _____
4. _____
5. _____

Preferencias, obligaciones e intenciones

4-6. **Preferencias y obligaciones.** First, identify the person that corresponds to the description. Then answer the questions about each person. Listen for confirmation.

1.

Inés

2.

Javier

3.

Rubén

4.

Linda

Personal responses:

Debo _____.

Tengo que _____.

Tengo ganas de _____.

Estructuras

2. *Ir* + *a* + infinitive

4-7. **¿Qué van a hacer?** Listen to each person's situation, then identify what each is going to do under the circumstances. Write the letter from the item in the second column that corresponds to the number in the first.

_____ **1.** yo

_____ **2.** Tina

_____ **3.** Tomás y Miguel

_____ **4.** Alfonso

_____ **5.** yo

_____ **6.** Linda y Manuel

a. Van a hablar.

b. Va a almorzar.

c. Voy a desayunar.

d. Va a estudiar esta noche.

e. ¡Van a salir!

f. Voy a tomar un refresco.

Personal responses:

Esta noche voy a _____ y _____ .

Así se dice

El clima y las estaciones

4-8. **¿Qué tiempo hace? ¿Qué estación es?** According to the drawings, indicate the weather and the seasons. Repeat the correct response.

Modelo:

You hear:	¿Qué tiempo hace?
You say:	**Hace sol.**
Confirmation:	Hace sol.
You repeat:	**Hace sol.**
You hear:	¿Y qué estación es?
You say:	**Es verano.**
Confirmation:	Es verano.
You repeat:	**Es verano.**

1.

2.

3.

4.

5.

6.

Estructuras

3. The present progressive

4-9. **¿Qué están haciendo?** According to the drawings, indicate what each person is doing. Listen for confirmation.

1.

2.

3.

4.

5.

6.

Personal response:

_____

4. *Ser* and *estar* (A summary)

4-10. **Natalia.** Listen to the words or phrases that describe Natalia and her day at the park. Select **es** or **está** to accurately complete each sentence. Mark your answers with an **X**. Listen for confirmation and repeat the correct response.

> **Modelo:** You hear: lunes
> You say: **Es lunes.**
> You mark: ☒ es ☐ está
> Confirmation: Es lunes.
> You repeat: **Es lunes.**

1. ☐ es ☐ está

2. ☐ es ☐ está

3. ☐ es ☐ está

4. Natalia... ☐ es ☐ está

5. ☐ es ☐ está

6. ☐ es ☐ está

7. ☐ es ☐ está

8. ☐ es ☐ está

9. ☐ es ☐ está

4-11. **Javier y Samuel.** Answer the questions about Javier and his younger brother Samuel according to the drawing. You will hear each question twice.

hermanos

1. _____

2. _____

3. _____

4. _____

5. _____

6. _____

Capítulo 5

La rutina diaria

Chapter overview

In order to do the Lab Manual activities for this chapter, you will need either CD 3 or audio cassette 3B. Listen to the recording as many times as you need to in order to do the activities. Write down the track number as you listen to the material so you can find the activities easily when you listen to them again.

5-1. **En la residencia estudiantil.** According to the drawing, say what each person is doing. Follow the numbers. Repeat the correct response.

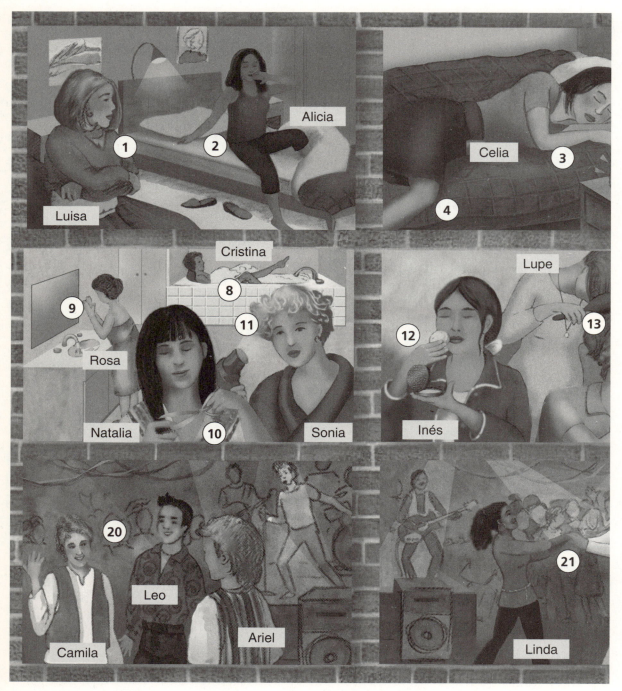

Modelo: You hear: quitarse el suéter
You say: **Se quita el suéter.**
Confirmation: Se quita el suéter.
You repeat: **Se quita el suéter.**

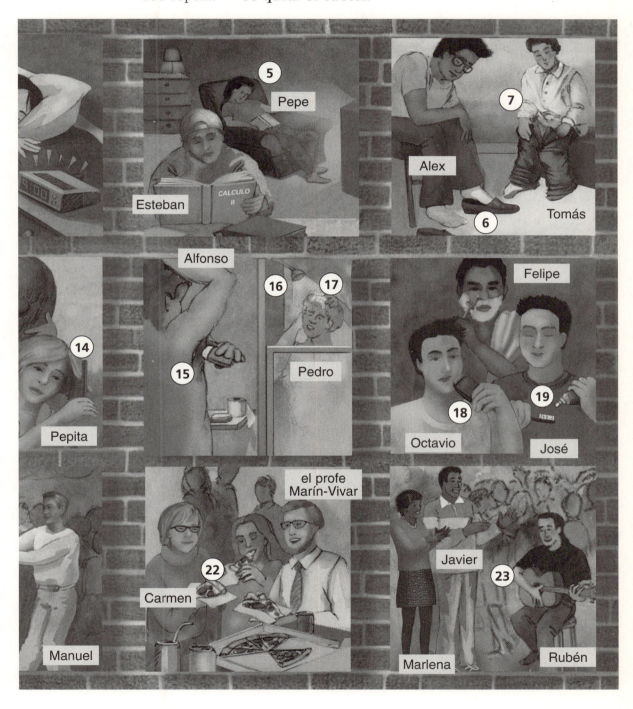

5-2. **Las cosas que necesita Inés.** Find on the list the object that Inés needs in order to carry out each activity mentioned. Write the number of the activity by the object. Listen for confirmation.

> **Modelo:** You hear: 1. Inés sale de la ducha y va a secarse. ¿Qué necesita?
> You write: _1_ beside **la toalla**
> Confirmation: la toalla

_____ la navaja		_____ el secador de pelo
_____ las tijeras		_____ la pasta de dientes
__1__ la toalla		_____ el champú

5-3. **Una dentista habla.** Listen to a dentist's opinion about electric toothbrushes vs. manual ones. After you listen, mark with an **X** the opinion that best represents the dentist's.

La opinión de la dentista es que...

☐ los cepillos eléctricos son mejores.

☐ los cepillos manuales son mejores.

☐ los dos son buenos —lo importante es usarlos adecuadamente.

Estructuras

1. Reflexive verbs

5-4. **El horario de Pepita.** Listen to Pepita's daily routine and fill in the missing information.

ACTIVIDAD	HORA
se despierta	
	7:15
se baña	
	7:40
va a clase	
	12:30
hace ejercicio	
	6:00

Dicho y hecho: Manual de laboratorio

5-5. **Mi horario.** Listen to each phrase, then repeat it and provide the missing information as per your daily routine. Include the time (**...a las ocho**, etc.) or the general time of day (**por la mañana/ tarde/ noche**, etc.) when each activity generally occurs.

> **Modelo:**   You hear: Me despierto...
> You say: **Me despierto a las ocho.**

1. ...   2. ...   3. ...   4. ...   5. ...

6. ...   7. ...   8. ...   9. ...   10. ...

5-6. **Preguntas para usted.** Answer the following questions in complete sentences. You will hear each question twice.

1. _____

2. _____

3. _____

4. _____

5. _____

6. _____

7. _____

5-7. **Rápidamente.** Change the adjective you hear to an adverb. Then write the adverb in the space provided to complete the sentence. Listen for confirmation.

> **Modelo:** You hear: normal
> You say: **normalmente**
> You write: *normalmente*
> Confirmation: Voy a contarles lo que normalmente hago por la mañana.

1. Cuando suena el despertador, no me despierto _____.

2. Me despierto _____.

3. Y nunca me levanto _____.

4. Después de levantarme, _____ me ducho y me lavo el pelo.

5. _____, me pongo jeans y un suéter.

6. _____, desayuno en la cafetería.

7. _____ después, me voy a clase.

8. _____, a veces llego un poco tarde.

Así se dice

El trabajo

5-8. **El trabajo de tiempo parcial.** The students depicted in the following drawings hold part-time jobs. Listen to each description and give the name of the person that corresponds to it. Then answer the follow-up question to indicate if you would like to hold that job. *Hint:* **Me gustaría/No me gustaría...** *I would like/I wouldn't like . . .*

1.
   Carmen

2.
   Linda

3.
   Natalia Alfonso

4.
   Esteban

Estructuras

3. The preterit of regular verbs and *ser* and *ir*

5-9. **Una tarde en el parque.** Imagine that you and your friends went to the park last Saturday afternoon. What did you do? Change the verb in each sentence to correspond to the person indicated. Repeat the correct response.

> **Modelo:**   You hear: Fui al parque. (mis amigos)
> You say: **Fueron al parque.**
> Confirmation: Fueron al parque.
> You repeat: **Fueron al parque.**

1. ...   **2.** ...   **3.** ...   **4.** ...   **5.** ...

5-10. **¿Qué hiciste ayer?** Answer the questions. First mark **Sí,...** or **No, no...** with an **X.** Then write the correct form of the verb in the blank. Listen for confirmation.

> **Modelo:**   You hear: ¿Trabajaste?
> Possible response: **Sí, trabajé.**
> You mark: ☐ Sí,...   *o*   ☐ No, no...
> You write: *trabajé*
> Confirmation: Sí, trabajé. *o* No, no trabajé.

1. ☐ Sí,...   ☐ No, no... _____ en la biblioteca.

2. ☐ Sí,...   ☐ No, no... _____ de compras.

3. ☐ Sí,...   ☐ No, no... _____ mi cuarto.

4. ☐ Sí,...   ☐ No, no... _____ la tele.

5. ☐ Sí,...   ☐ No, no... _____ con mis amigos.

5-11. La rutina matinal de Camila. Describe what Camila *did* this morning, using the cues provided to begin each sentence. Repeat the correct response.

1.

Primero,...

2.

Luego,... y...

3.

Después,...

4.

Entonces,...

5.

Y más tarde,...

Dicho y hecho: Manual de laboratorio

✎ **5-12. Preguntas para usted.** Answer the questions in complete sentences. You will hear each question twice.

1. _____

2. _____

3. _____

4. _____

5. _____

Estructuras

4. Direct object pronouns (A summary)

5-13. Una fiesta. Answer the questions. Indicate that you know the individuals that are having the party and confirm who has been invited. Write the appropriate direct object in the blank to complete each answer. Listen for confirmation.

Modelo: You hear: ¿Conoces a Elena?
You respond: **Sí, la conozco.**
You write: Sí, __*la*__ conozco.
Confirmation: Sí, la conozco.

1. Sí, _____ conozco.

2. Sí, _____ conozco.

3. Sí, _____ conozco.

4. Sí, _____ invitaron.

5. Sí, _____ invitaron.

6. Sí, _____ invitaron.

7. Sí, _____ invitaron.

Capítulo **6**

Por la ciudad

In order to do the Lab Manual activities for this chapter, you will need either CD 4 or audio cassette 4A. Listen to the recording as many times as you need to in order to do the activities. Write down the track number as you listen to the material so you can find the activities easily when you listen to them again.

Actividad	Page number	Track
6-1. ¡Vamos al centro!	LM 60	_____
6-2. ¿Dónde está situado?	LM 62	_____
6-3. ¿Dónde están los gatos?	LM 62	_____
6-4. Linda va de compras	LM 63	_____
6-5. ¡Tengo hambre!	LM 64	_____
6-6. En la oficina de correos	LM 64	_____
6-7. Lo que Javier hizo	LM 65	_____
6-8. ¿Qué pasó?	LM 66	_____
6-9. Preguntas para usted	LM 66	_____
6-10. ¿Qué hizo con el dinero?	LM 67	_____
6-11. Los ladrones	LM 67	_____

6-1. **¡Vamos al centro!** Conteste las preguntas. Siga (*follow*) los números. Repita la respuesta correcta.

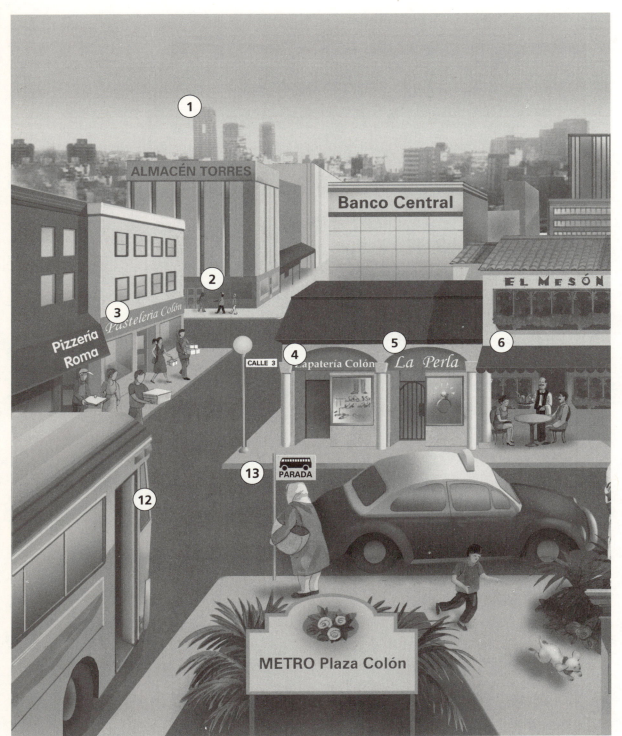

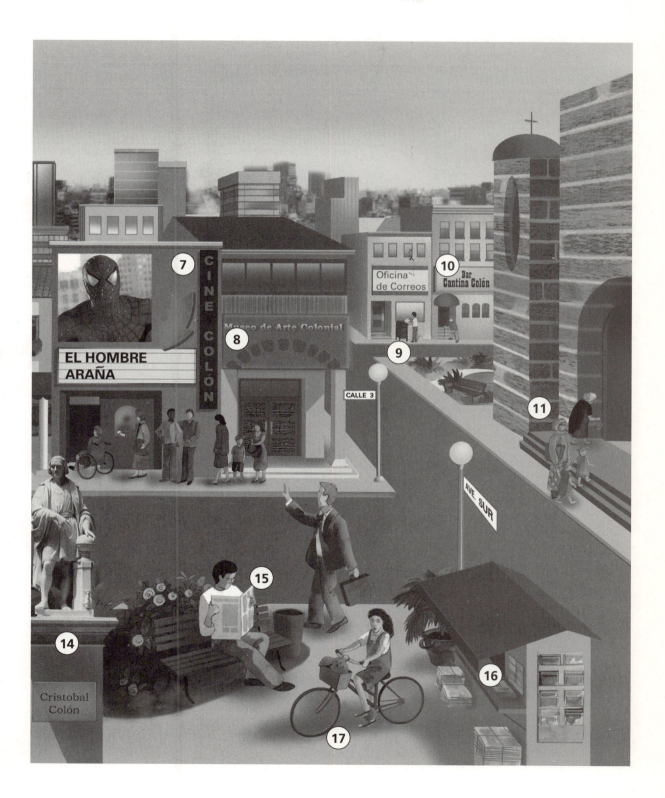

Estructuras

1. Prepositions; pronouns with prepositions

6-2. **¿Dónde está situado?** Conteste las preguntas según el dibujo (*according to the drawing*) de las páginas 60–61. Indique dónde están situados los siguientes lugares, etc. Marque con una **X** la respuesta correcta.

> **Modelo:** Usted oye: ¿Está la oficina de correos al lado del bar o frente al bar?
> Usted dice: **Está al lado del bar.**
> Usted marca: **☒** al lado del bar ☐ frente al bar
> Confirmación: Está al lado del bar.

1. ☐ detrás de la pizzería   ☐ al lado de la pizzería

2. ☐ entre la zapatería y el restaurante   ☐ entre el restaurante y el cine

3. ☐ detrás de la zapatería   ☐ enfrente de la zapatería

4. ☐ lejos de la estatua   ☐ cerca de la estatua

5. ☐ enfrente del quiosco   ☐ detrás del quiosco

6. ☐ dentro de la catedral   ☐ fuera de la catedral

7. ☐ frente a la oficina de correos   ☐ al lado de la oficina de correos

6-3. **¿Dónde están los gatos?** Según el dibujo, diga dónde está cada gato. Siga los números. Repita la respuesta correcta.

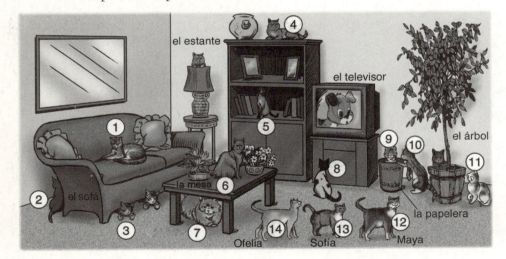

| 1. … | 2. … | 3. … | 4. … | 5. … | 6. … | 7. … |

| 8. … | 9. … | 10. … | 11. … | 12. … | 13. … | 14. … |

Estructuras

2. Demonstrative adjectives and pronouns

6-4. **Linda va de compras.** Linda visita una zapatería y un almacén y habla con las dependientas. Les indica los zapatos, la ropa, etc. que desea ver. Escuche la conversación y complétela con los demostrativos correctos. ¡Ojo! Los pronombres demostrativos llevan acento.

1. **En la zapatería:**

   DEPENDIENTA: ¿Qué zapatos desea usted ver, señorita?

   LINDA: _____ de color rojo, _____

   negros y _____ de color café.

   DEPENDIENTA: Hoy las sandalias se venden a precio especial.

   LINDA: ¡Qué bien! Entonces, quisiera ver _____

   blancas de allí, _____ rosadas y

   _____ de color amarillo.

2. **En el almacén:**

   DEPENDIENTA: ¿Desea usted ver los suéteres, señorita?

   LINDA: Sí, por favor. _____ de color verde,

   _____ azul y... _____

   de color naranja.

   DEPENDIENTA: También tenemos blusas muy bonitas. ¿Desea verlas?

   LINDA: Por supuesto. Me gustaría ver _____

   blusa blanca, _____ de color beige y

   _____ de color violeta.

6-5. **¡Tengo hambre!** Indique lo que usted quiere comprar. Siga los números.

Modelo:	Usted oye:	1. torta
	Usted dice:	**Quiero comprar esta torta y ésa.**
	Confirmación:	Quiero comprar esta torta y ésa.
	Usted repite:	**Quiero comprar esta torta y ésa.**

Así se dice

En la oficina de correos

6-6. **En la oficina de correos.** Conteste las preguntas según los dibujos. Repita la respuesta correcta.

1.

2.

3.

4.

5.

Copyright © 2004 John Wiley & Sons, Inc.

Estructuras

3. The preterit of *hacer* and stem-changing verbs

A. *Hacer*

6-7. **Lo que Javier hizo.** Escuche la narración de Javier. Complete la narración, escribiendo los verbos que faltan (*that are missing*).

¿Qué _____ el sábado pasado? Pues, me levanté un

poco tarde y _____ en casa. A las diez de la mañana,

_____ al tenis con mi hermanito Samuel y luego

_____ al laboratorio de química para trabajar. Después,

mi amiga Marlena y yo _____ algunas compras en el

centro. Por la noche, _____ con nuestros amigos;

_____ en algún restaurante y _____

al cine. _____ a casa bastante tarde. ¿Y mi hermana Clara?

Ella es muy perezosa y no _____ nada. Mis padres, por el

contrario, _____ miles de cosas. ¡Pobrecitos!

B. Stem-changing verbs

6-8. ¿Qué pasó? Conteste las preguntas según los dibujos.

Modelo:	Usted oye: En el laboratorio, ¿qué repitieron Carmen y Natalia?
	Usted dice: **Repitieron el poema.**
	Confirmación: Repitieron el poema.
	Usted repite: **Repitieron el poema.**

1.

2.

3.

4.

6-9. Preguntas para usted. Escriba respuestas para las siguientes preguntas, y use la imaginación. Conteste con oraciones completas. Cada pregunta se repite.

1. _____

2. _____

3. _____

4. _____

5. _____

Así se dice

El dinero y los bancos

6-10. **¿Qué hizo con el dinero?** Juan Fernando ganó $3.000 el verano pasado. Escuche para saber lo que hizo con el dinero. Complete el cuadro (*chart*) con la información que falta.

CATEGORÍAS	%
Ahorró	
	15%
Pagó las cuentas	
	25%
	10%

Estructuras

4. Indefinite and negative words

6-11. **Los ladrones (*robbers*).** Un hombre y una mujer caminan por una calle oscura del centro de una ciudad. Escuche el episodio con mucha atención. Luego, marque con una **X** la respuesta correcta para cada pregunta.

1. ☐ hay alguien   ☐ no hay nadie

2. ☐ oye algo   ☐ no oye nada

3. ☐ hay alguien   ☐ no hay nadie

4. ☐ hay ladrones   ☐ no hay ladrones

5. ☐ el hombre y la mujer   ☐ los hombres de la avenida 8

7 De compras
Capítulo

Chapter overview

In order to do the Lab Manual activities for this chapter, you will need either CD 4 or audio cassette 4B. Listen to the recording as many times as you need to in order to do the activities. Write down the track number as you listen to the material so you can find the activities easily when you listen to them again.

7-1. **La ropa.** Según el dibujo, indique lo que las personas llevan y lo que usted ve en los escaparates de la tienda. Siga los números. Repita la respuesta correcta.

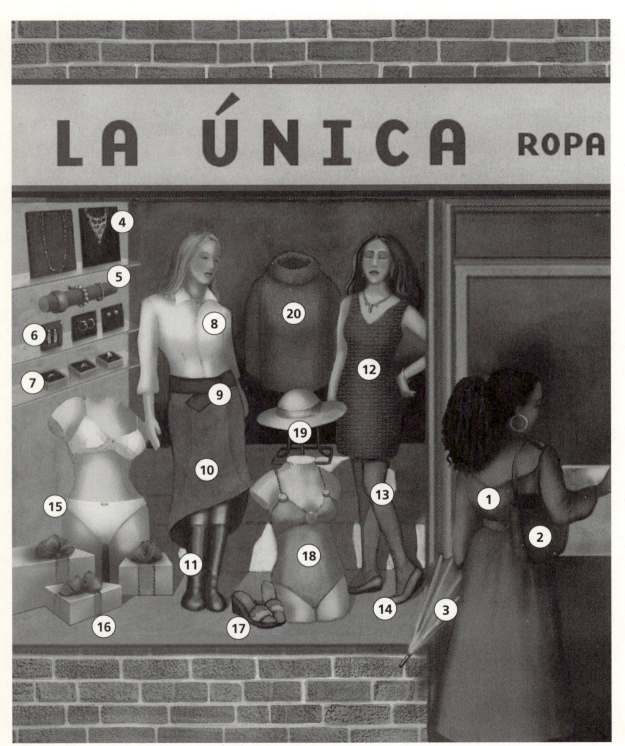

7-2. **¿Qué debe usted llevar?** Escuche los dos pronósticos del tiempo. Marque con una **X** las cosas que usted debe llevar ese día. Cada pronóstico se repite una vez.

Pronóstico Nº 1

	sí	no
impermeable	☐	☐
pantalones cortos	☐	☐
paraguas	☐	☐
suéter	☐	☐
sandalias	☐	☐

Pronóstico Nº 2

	sí	no
abrigo	☐	☐
pantalones cortos	☐	☐
botas	☐	☐
sandalias	☐	☐
camiseta	☐	☐

7-3. **Lo nuevo para la primavera.** Escuche el anuncio de la tienda Cristina y apunte los precios de la ropa o los accesorios.

Sombrero de paja, $___   *straw*
Camiseta sin manga, $___
Jeans de la marca Herrero, $___

De la colección Cristina,
chaqueta $___   *Falda* $___

Pantalones de la marca Liz, $___
Camisa de la marca George, $___

Bikini de la marca Caribe, $___

CRISTINA
la tienda para ti

Ahora, escuche la siguiente descripción de dos chicas —Dulce y María. Según la descripción, ¿qué ropa o accesorios del anuncio van a comprar ellas?

- Marque con una **D** lo que va a comprar **Dulce.**
- Marque con una **M** lo que va a comprar **María.**

1. _____ Bikini de la marca Caribe

2. _____ Pantalones de la marca Liz

3. _____ Camisa de la marca George

4. _____ De la colección Cristina, chaqueta

5. _____ De la colección Cristina, falda

6. _____ Sombrero de paja

7. _____ Camiseta sin manga

8. _____ Jeans de marca Herrero

Así se dice
La transformación de Carmen

✎ **7-4.** **La transformación de Carmen.** Carmen habla de sus planes para cambiar su vida. Escuche la narración y luego conteste las preguntas. Marque su respuesta con una **X**. Cada pregunta se repite una vez.

1. ☐ gafas   ☐ lentes de contacto

2. ☐ de oro y plata   ☐ de fantasía

3. ☐ una blusa   ☐ dos blusas

4. ☐ económicas   ☐ caras

7-5. **Un gran contraste.** Conteste las preguntas para indicar cómo es la ropa que lleva Esteban y la que lleva Octavio. Marque con una **X** la respuesta correcta. Escuche la confirmación.

Esteban   Octavio

Esteban

1. ☐ está limpia   ☐ está sucia

2. ☐ largos   ☐ cortos

3. ☐ de poliéster   ☐ de algodón

Octavio

4. ☐ está limpia   ☐ está sucia

5. ☐ de manga larga   ☐ de manga corta

6. ☐ es cara   ☐ es barata

Estructuras

1. Possessive adjectives and pronouns

7-6. **¿De quién es?** Alfonso y Rubén están en la lavandería. ¿De quién es la ropa que está allí? Conteste las preguntas según los modelos. Siga los números.

Modelo:	Usted oye:	Ese suéter, ¿es tuyo?
	Usted dice:	**No, no es mío.**
	Confirmación:	No, no es mío.
	Usted oye:	Pues, ¿de quién es?
	Usted dice:	**Es de Alfonso.**
	Confirmación:	Es de Alfonso.

Alfonso   Rubén

Modelo:	Usted oye:	Ese suéter, ¿es de Alfonso?
	Usted dice:	**Sí, es suyo.**
	Confirmación:	Sí, es suyo.

Estructuras

2. The preterit of irregular verbs

7-7. **¡Hay mucha tarea!** ¿Qué hicieron usted y sus amigos? Cambie el verbo según la persona indicada.

Modelos:	Usted oye:	Anoche tuve que estudiar.
	Usted oye:	(Ana)
	Usted dice:	**Tuvo que estudiar.**
	Confirmación:	Tuvo que estudiar.
	Usted oye:	(nosotros)
	Usted dice:	**Tuvimos que estudiar.**
	Confirmación:	Tuvimos que estudiar.

7-8. Una fiesta para el cumpleaños de Carmen.
Conteste las preguntas según los dibujos. Escriba el verbo de la respuesta en el espacio en blanco.

Compraron...

Modelo:
Usted oye: ¿Qué compraron Inés y Camila?
Usted dice: **Compraron algunos regalos.**
Usted escribe: *Compraron*
Confirmación: Compraron algunos regalos.

1.

_____ ...

2.

La _____ ...

3.

_____ ...

4.

Sí, los _____ ...

5.

_____ que salir...

✎ **7-9. Preguntas para usted.** Escriba respuestas para las siguientes preguntas. Conteste con oraciones completas. Cada pregunta se repite una vez.

1. _____

2. _____

3. _____

4. _____

Estructuras

3. Indirect object pronouns

7-10. La generosa tía Sonia. Indique que todas las personas de su familia están muy contentas porque la tía Sonia, que vive en Australia, les mandó regalos magníficos. Escriba el pronombre de complemento indirecto en el espacio en blanco.

Modelo:	Usted oye:	Su hermano está muy contento, ¿verdad?
	Usted dice:	**Sí, porque la tía Sonia le mandó un regalo.**
	Usted escribe:	*le*
	Confirmación:	Sí, porque la tía Sonia le mandó un regalo.

La tía Sonia...

1. _____ mandó...

2. _____ mandó...

3. _____ mandó...

4. _____ mandó...

5. _____ mandó...

6. _____ mandó...

7-11. Dos amigos hablan. José y Susana están en la clase de español. Hablan mientras esperan a la profesora. Escuche las tres conversaciones. Al final de cada conversación, marque con una **X** la respuesta que corresponda a la conversación.

1. Susana...   ☐ Le prestó el coche.   ☐ No le prestó el coche.

2. Susana...   ☐ Le mostró las fotos a la profesora.   ☐ No le mostró las fotos a la profesora.

3. Pedro...   ☐ Le devolvió el CD a José.   ☐ No le devolvió el CD a José.

Estructuras

4. Direct and indirect object pronouns combined

7-12. ¡Sí, te lo devolví! Una amiga suya le hace preguntas a usted. Contéstelas según el modelo.

Modelos:

Usted oye:	¿Me devolviste las fotos?
Usted dice:	**Sí, te las devolví.**
Confirmación:	Sí, te las devolví.
Usted repite:	**Sí, te las devolví.**

Usted oye:	¿Y la calculadora?
Usted dice:	**Sí, te la devolví.**
Confirmación:	Sí, te la devolví.
Usted repite:	**Sí, te la devolví.**

7-13. **Regalos de Ecuador.** Conteste las preguntas para indicar que Octavio les regaló las cosas indicadas a sus amigas. Escriba los pronombres correctos en el espacio en blanco para completar la oración.

Modelo:	Usted oye:	¿Quién le regaló la camiseta a Natalia?
	Usted dice:	**Octavio se la regaló.**
	Confirmación:	Octavio se la regaló.
	Usted escribe:	*se la*

Octavio <u>se</u> <u>la</u> regaló.

1.

Octavio _____ _____ regaló.

2.

Octavio _____ _____ regaló.

3.

Octavio _____ _____ regaló.

Capítulo

La salud

Chapter overview

In order to do the Lab Manual activities for this chapter, you will need either CD 5 or audio cassette 5A. Listen to the recording as many times as you need to in order to do the activities. Write down the track number as you listen to the material so you can find the activities easily when you listen to them again.

Así se dice

La salud

8-1. En el hospital y en los consultorios. Conteste las preguntas según el dibujo. Siga los números. Repita la respuesta correcta.

Así se dice

El cuerpo humano

8-2. **Los dichos (*sayings*) y el cuerpo humano.** Escuche los dichos. Al escuchar, complételos con las partes del cuerpo que faltan (*that are missing*). Cada dicho se repite una vez.

1. Abre la _____, que te va la sopa.

2. Ojo por ojo, _____ por _____.

3. La _____ es el castigo (*punishment*) del cuerpo.

4. _____ que no ven, corazón que no siente.

5. _____ curiosas, noticias dolorosas.

6. Hasta al mejor cocinero se le va un _____ en la sopa.

7. Al mal tiempo, buena _____.

8. Dos _____ piensan mejor que una.

9. A _____ frías, corazón ardiente.

10. Adonde el corazón se inclina, el _____ camina.

8-3. **El cuerpo humano.** Usted va a oír el nombre de una parte del cuerpo humano. Escríbala en la línea que le corresponde.

Modelo: Usted oye: el cuello
Usted escribe: *el cuello* en la línea apropiada.

el cuello

Estructuras

1. *Ud./Uds.* commands

8-4. **Alfonso está muy enfermo.** Escuche la lista de lo que debe y no debe hacer Alfonso. Cambie cada verbo al mandato (*command*) de **usted**, y escríbalo en el espacio en blanco.

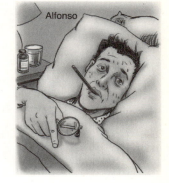
Alfonso

> **Modelo:** Usted oye: tomar jugo de naranja
> Usted dice: **Tome jugo de naranja.**
> Usted escribe: *Tome* jugo de naranja.
> Confirmación: Tome jugo de naranja.

1. _____ aspirina.

2. _____ agua.

3. _____ todo el día.

4. _____ en la cama.

5. No _____ de la casa.

6. No _____ _____ hoy.

7. No _____ ejercicio.

8. No _____ hamburguesas.

9. _____ sopa de pollo.

10. No _____ _____ por nada.

Así se dice

8-5. El diagnóstico. Escuche lo que dice su paciente. Usted, el/la médico/a, le indica el problema que tiene. Márquelo con una **X**.

1. ☐ Le duele la cabeza.   ☐ Le duele la garganta.

2. ☐ Tiene dolor de cabeza.   ☐ Tiene dolor de estómago.

3. ☐ Tiene diarrea.   ☐ Tiene fiebre.

4. ☐ Tiene alergias.   ☐ Tiene gripe.

5. ☐ Tiene resfriado.   ☐ Tiene gripe.

6. ☐ Tiene problemas estomacales.   ☐ Tiene problemas psicológicos.

Estructuras

2. The imperfect

8-6. Cuando era niño/a... ¿Qué hacía usted cuando iba al consultorio de la médica? ¿Y qué hacían las otras personas? Cambie el verbo según la persona indicada.

Modelo: Usted oye: hablar con la médica (yo)
              Usted dice: **Hablaba con la médica.**
              Confirmación: Hablaba con la médica.
              Usted repite: **Hablaba con la médica.**

1. ...   **2.** ...   **3.** ...   **4.** ...   **5.** ...   **6.** ...

8-7. **La abuela y el abuelo.** Los abuelos vivían en una casa en el campo. Describa la escena, cambiando las oraciones del presente al imperfecto. Siga los números.

> **Modelo:** Usted oye: Hace frío.
> Usted dice: **Hacía frío.**
> Confirmación: Hacía frío.
> Usted repite: **Hacía frío.**

Estructuras

3. The imperfect and the preterit

8-8. **Nuestro gato Rodolfo.** Escuche la narración y luego conteste las preguntas. Marque cada respuesta con una **X.**

1. ☐ Se escapó.   ☐ Se enfermó.
2. ☐ Tenía fiebre.   ☐ Tenía diarrea.
3. ☐ Lo llevaron al hospital.   ☐ Lo llevaron al veterinario.
4. ☐ Esperaron por una hora.   ☐ Esperaron por dos horas.
5. ☐ Le puso una inyección.   ☐ Lo examinó.
6. ☐ Tenía una infección intestinal.   ☐ Tenía una infección estomacal.
7. ☐ No se recuperó en poco tiempo.   ☐ Se recuperó en poco tiempo.

8-9. **¿Qué hacían?** Según los dibujos, indique lo que hacían las personas cuando alguien o algo los interrumpió. Conteste las preguntas.

Modelo:	Usted oye:	¿Qué hacía el profesor cuando Carmen entró en el laboratorio?
	Usted dice:	**Navegaba por Internet.**
	Confirmación:	Navegaba por Internet.
	Usted repite:	**Navegaba por Internet.**

1.

2.

3.

4.

8-10. En el pasado. Diga lo que **hacía** Felipe *normalmente* y lo que **hizo** *ayer*. Escriba el verbo en el espacio en blanco.

Modelos:	Usted oye:	(jugar al tenis)
	Usted dice:	**Normalmente, jugaba al tenis.**
	Confirmación:	Normalmente, jugaba al tenis.
	Usted escribe:	*jugaba*

	Usted oye:	(jugar al vólibol)
	Usted dice:	**Ayer, jugó al vólibol.**
	Confirmación:	Ayer, jugó al vólibol.
	Usted escribe:	*jugó*

normalmente   **ayer**

1. _____   _____

2. _____   _____

3. _____   _____

4. _____   _____

8-11. Preguntas para usted. Escriba respuestas para las siguientes preguntas. Conteste con oraciones completas. Cada pregunta se repite una vez.

1. _____

2. _____

3. _____

4. _____

5. _____

A. *Hacer* to express how long an action has been going on

8-12. **¿Cuánto tiempo hace?** Responda según los dibujos y según la información presentada.

media hora

Modelo:		
	Usted oye:	¿Qué está haciendo Inés?
	Usted dice:	**Está tocando el piano.**
	Confirmación:	Está tocando el piano.
	Usted oye:	¿Hace cuánto tiempo que toca el piano?
	Usted dice:	**Hace media hora que toca el piano.**
	Confirmación:	Hace media hora que toca el piano.

1.

dos horas

2.

una hora

3.

veinte minutos

4.

una hora y media

5.

tres horas

Respuesta personal:

Hace... _____

B. Hacer to express ago

8-13. **¿Cuánto tiempo hace?** ¿Cuándo hizo usted las siguientes cosas? Conteste las cuatro preguntas personales. Complete las respuestas con las palabras que faltan. Use la construcción *pretérito* + **hace** + **días/ semanas/ meses** o **años.** Cada pregunta se repite una vez.

> **Modelo:** Usted oye: ¿Cuándo se graduó usted de la escuela secundaria?
> Usted escribe: *Me gradué* de la escuela secundaria hace *dos años.*

1. _____ a estudiar español hace _____.

2. _____ a manejar hace _____.

3. _____ a mi mejor amigo/a hace _____.

4. _____ a mi médico/dentista hace _____.

Capítulo

Así es mi casa

Chapter overview

In order to do the Lab Manual activities for this chapter, you will need either CD 5 or audio cassette 5B. Listen to the recording as many times as you need to in order to do the activities. Write down the track number as you listen to the material so you can find the activities easily when you listen to them again.

9-1. **En la casa.** Complete las oraciones para identificar lo que hay en la casa. Siga los números. Repita la respuesta correcta.

9-2. En Miami. Lea y escuche los tres anuncios siguientes. Luego, escuche la descripción de las tres personas. Decida qué casa o apartamento cada persona va a comprar o alquilar y marque el número al lado del nombre de la persona.

Juan Alberto Sánchez _____

Rosa María Casanova _____

César Rodolfo Chávez _____

1.

¡GRAN VENTA!

Espaciosa casa de dos pisos
4 dormitorios
3 1/2 baños
cocina grande
comedor formal
garaje doble

$214.600

Oeste de Palm Ave.
Llame al 450-9818

2.

¡VÉALO HOY!

Apartamento
1 dormitorio
1 baño
amueblado
terraza
piscina
canchas de tenis
$600 al mes, sin depósito
Llámenos

MASTER REALTY
532-2909

3.

NUEVO
CONDOMINIO

3 dormitorios
2 baños
refrigerador nuevo
alfombrado
terraza
$80,000

Ave. Norte
Llame al 329-0034

Así se dice

En el hogar

9-3. En el hogar. Escuche la narración. Luego, conteste las preguntas, marcando su respuesta con una **X**.

1. ☐ la sala   ☐ la sala familiar

2. ☐ encima del sofá   ☐ junto a la chimenea

3. ☐ lo ignora   ☐ lo contesta

4. ☐ en el sótano   ☐ en el jardín

5. ☐ la lavadora   ☐ el sofá

6. ☐ el dueño de la casa   ☐ el gato Rodolfo

Dicho y hecho: Manual de laboratorio

Estructuras

1. *Tú* commands

A. Affirmative *tú* commands

9-4. Los quehaceres domésticos. Según los dibujos, dígale a cada persona lo que debe hacer. Use el mandato de **tú**.

Modelo: Usted oye: 1. hacer la cama
Usted dice: **Alfonso, haz la cama.**
Confirmación: Alfonso, haz la cama.
Usted repite: **Alfonso, haz la cama.**

1.

Alfonso   Javier

2.

Carmen   Natalia

3.

Linda   Manuel

4.

Esteban   Pepita

B. Negative *tú* commands

9-5. Un conflicto de conciencia.

El ángel le dice a Esteban que haga ciertas cosas. Usted, el diablo, le dice que no las haga. Siga los números. Escriba el mandato de **tú** negativo en el espacio en blanco.

Modelo:	El ángel le dice:	1. Haz la cama.
	Usted (el diablo) le dice:	**No la hagas.**
	Usted escribe:	*No la hagas.*
	Confirmación:	No la hagas.

El diablo le dice:

1. ___No la hagas_____.

2. _____.

3. _____.

4. _____.

5. _____.

6. _____.

7. _____.

8. _____.

Dicho y hecho: Manual de laboratorio

Estructuras

2. The present perfect

9-6. **Recientemente.** Diga si usted ha hecho o no las siguientes cosas recientemente. Cambie el verbo al presente perfecto. Marque **sí** o **no** con una **X** según su respuesta.

> **Modelo:** Usted oye: limpiar mi cuarto
> Usted dice: **Sí, he limpiado mi cuarto.** *o*
> **No, no he limpiado mi cuarto.**
> Usted marca: ☐ sí *o* ☐ no
> Confirmación: Sí, he limpiado mi cuarto. *o*
> No, no he limpiado mi cuarto.

1. ☐ sí   ☐ no
2. ☐ sí   ☐ no
3. ☐ sí   ☐ no
4. ☐ sí   ☐ no
5. ☐ sí   ☐ no

Ahora, diga si usted y sus amigos han hecho las siguientes cosas recientemente.

6. ☐ sí   ☐ no
7. ☐ sí   ☐ no
8. ☐ sí   ☐ no
9. ☐ sí   ☐ no
10. ☐ sí   ☐ no

9-7. **¿Qué ha hecho?** Según los dibujos, diga lo que cada persona ha hecho. Luego, escriba la actividad en el espacio en blanco.

> **Modelo:** Usted oye: ¿Qué ha hecho Octavio?
> (fracturarse)
> Usted dice: **Se ha fracturado una pierna.**
> Usted escribe: *Se ha fracturado* una pierna.
> Confirmación: Se ha fracturado una pierna.

<u>　Se　</u> <u>　ha　</u>
<u>fracturado</u>
una pierna.

1.

_____
una "A" en su examen.

2.

_____
el pelo.

3.

____ ____
_____
la barba.

4.

____ ____
el Campeonato de Miami.

5.

____ _____
a esquiar.

6.

_____
un cuadro.

✎ **9-8.** **Preguntas para usted.** Escriba respuestas para las siguientes preguntas. Conteste con oraciones completas. Cada pregunta se repite una vez.

1. _____

2. _____

3. _____

4. _____

Estructuras

3. The past perfect

9-9. **Antes de salir.** Diga lo que ustedes habían hecho antes de la fiesta.

Modelo: Usted oye: bañarse (Pablo)
Usted dice: **Se había bañado.**
Confirmación: Se había bañado.
Usted repite: **Se había bañado.**

1. ...   2. ...   3. ...   4. ...   5. ...   6. ...   7. ...

Estructuras

4. Comparisons of equality and inequality

A. Comparisons of equality

9-10. **Son iguales.** Haga las comparaciones según los dibujos.
Use **tan... como, tanto/a... como** o **tanto como,**
según la oración.

Javier / su amigo

Modelo:	Usted oye:	Javier es alto.
	Usted dice:	**Es tan alto como su amigo.**
	Confirmación:	Es tan alto como su amigo.
	Usted repite:	**Es tan alto como su amigo.**

1.

Camila / su hermana

2.

el ogro / su amigo

3.

Alfonso / el profesor

4.

Linda / Inés

5.

Natalia / Rubén

6.

Pepita / Esteban

B. Comparisons of inequality and the superlative

9-11. Silvia y Noé. Escuche las cinco conversaciones entre Silvia y Noé. Conteste las preguntas. Marque con una **X** la respuesta correcta.

1. Silvia es...

☐ mayor que Noé.   ☐ menor que Noé.

2. La nota de Silvia es...

☐ mejor que la nota de Noé.   ☐ peor que la nota de Noé.

3. Silvia ganó...

☐ más dinero que Noé.   ☐ menos dinero que Noé.

4. Silvia corrió...

☐ más rápido que Noé.   ☐ menos rápido que Noé.

5. El apartamento que alquiló Silvia es...

☐ más pequeño que el de Noé. ☐ más grande que el de Noé.

9-12. Preguntas para usted. Escriba respuestas para las siguientes preguntas. Conteste con oraciones completas. Cada pregunta se repite una vez.

1. _____

2. _____

3. _____

4. _____

10 Capítulo Amigos y algo más

Chapter overview

In order to do the Lab Manual activities for this chapter, you will need either CD 6 or audio cassette 6A. Listen to the recording as many times as you need to in order to do the activities. Write down the track number as you listen to the material so you can find the activities easily when you listen to them again.

10-1. **Las amistades y el amor.** Conteste las preguntas según los dibujos. Siga los números. Repita la respuesta correcta.

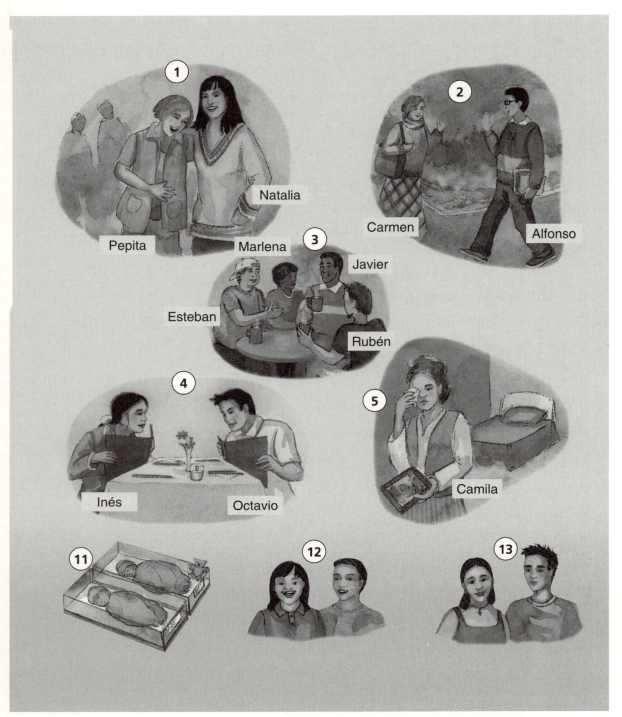

Listening hint: Remember that you may find it useful to listen to comprehension exercises, such as Exercises 10-2 and 10-3 that follow, three times: the first time to become familiar with the selection, the second to write your answers, and the third to check your answers.

10-2. **¿Vale más la personalidad?** Escuche la siguiente información acerca de las características que buscan los estudiantes universitarios al escoger (*when choosing*) su pareja. Mientras escucha, escriba en los espacios en blanco las características que usted oye en cada categoría: **mujeres**, **ambos** (*both*) **sexos** y **hombres**.

1. Las **mujeres** buscan un hombre que sea _____ y

   _____ .

2. **Ambos sexos** valorizan la buena _____, la honestidad y

   la _____ .

3. Los **hombres** que buscan pareja para salir por un corto tiempo dicen que

   prefieren una mujer _____ .

10-3. **Un sondeo.** Tres estudiantes universitarios contestan cuatro preguntas de un sondeo. Escuche lo que dicen. Marque **sí** o **no** con una **X** (#1, 3 y 4) y complete las oraciones (#2) para indicar las respuestas de cada uno.

1. ¿Crees que la universidad es un buen lugar para encontrar pareja?
   MARÍA: ☐ sí ☐ no
   EDUARDO: ☐ sí ☐ no
   MIGUEL: ☐ sí ☐ no

2. ¿Qué zona del campus consideras la más adecuada para encontrar pareja?
   MARÍA: El _____ es donde la gente se relaciona más.
   EDUARDO: En las _____, en la _____, y luego acaba todo en los bares por la noche.
   MIGUEL: En la _____. Algunos van a hacer de todo menos a estudiar.

3. ¿Conoces a muchas parejas que se hayan conocido en la universidad?
   MARÍA: ☐ sí ☐ no
   EDUARDO: ☐ sí ☐ no
   MIGUEL: ☐ sí ☐ no

4. ¿Te has enamorado alguna vez aquí?
   MARÍA: ☐ sí ☐ no
   EDUARDO: ☐ sí ☐ no
   MIGUEL: ☐ sí ☐ no

Estructuras

1. Reciprocal constructions

10-4. Amor a primera vista. Escuche la siguiente conversación y complétela con las palabras que faltan.

NATALIA: Alfonso, ¿oíste que Linda y Manuel _____

_____?

ALFONSO: No me digas. ¿De veras? No lo puedo creer. Recuerdo cuando

_____ _____. Fue el primer día de clase.

¡Y ahora están _____!

NATALIA: Fue amor a primera vista. _____ _____...

se hablaron... luego, _____ _____ en el

parque...

ALFONSO: ..._____ _____... ¡Siempre están

_____! ¿Sabes cuándo van a casarse?

NATALIA: No sé. Probablemente después de graduarse.

Así se dice

Para estar en contacto: Las llamadas telefónicas

10-5. Un mensaje telefónico. Es sábado por la mañana. Linda está de camino al centro comercial para comprarle un regalo de cumpleaños a su madre. Llama a Manuel con su teléfono celular. Nadie contesta. Escuche el mensaje que deja.

...

Ahora, escuche el mensaje otra vez. Mientras escucha, marque con una **X** sólo las cosas que Manuel debe hacer según el mensaje.

Manuel debe...	
☐ contestar el teléfono.	☐ afeitarse.
☐ dormirse.	☐ comprar rosas.
☐ despertarse.	☐ ir al apartamento de Linda.
☐ ponerse los pantalones nuevos.	☐ ir al restaurante.
☐ comprarse pantalones nuevos.	☐ llamar a Linda.

2. The subjunctive mood: An introduction; the present subjunctive

10-6. Mi media naranja. ¿Qué características debe tener su media naranja? Escuche cada característica y marque **sí** o **no** con una **X**.

Es importante que mi media naranja...

1. ☐ sí ☐ no   7. ☐ sí ☐ no

2. ☐ sí ☐ no   8. ☐ sí ☐ no

3. ☐ sí ☐ no   9. ☐ sí ☐ no

4. ☐ sí ☐ no   10. ☐ sí ☐ no

5. ☐ sí ☐ no   11. ☐ sí ☐ no

6. ☐ sí ☐ no   12. ☐ sí ☐ no

10-7. ¿Qué quiere la profe? Indique lo que la profe quiere que haga cada una de las siguientes personas. Escriba el verbo en el espacio en blanco.

Modelo:
Usted oye: hacer la tarea (yo)
Usted dice: **Quiere que haga la tarea.**
Usted escribe: *haga*
Confirmación: Quiere que haga la tarea.

1. Quiere que _____ la tarea.

   _____ ...

   _____ ...

2. Quiere que _____ al laboratorio.

   _____ ...

   _____ ...

3. Quiere que _____ los libros a la biblioteca.

   _____ ...

   _____ ...

4. Quiere que _____ _____ más temprano.

   _____ _____ ...

   _____ _____ ...

Estructuras

3. The subjunctive with expressions of influence

10-8. **La influencia de mi amiga.** Indique lo que su amiga quiere que haga usted.

> **Modelo:** Usted oye: dormir más
> Usted dice: **Quiere que duerma más.**
> Confirmación: Quiere que duerma más.
> Usted repite: **Quiere que duerma más.**

1. ...   2. ...   3. ...   4. ...   5. ...   6. ...   7. ...   8. ...

10-9. **Juanito y su madre.** Escuche la descripción de cada dibujo. Identifique el número del dibujo que le corresponda y luego escriba la forma correcta del verbo en el espacio en blanco.

> **Modelo:** Usted oye: Son las siete de la mañana y la madre quiere que Juanito se despierte.
> Usted identifica: el dibujo Nº 2
> Usted escribe: ...que *se despierte.*
> Confirmación: Son las siete de la mañana y la madre quiere que Juanito se despierte.

1.

...que _____ _____...

2.

...que __*se*__ __*despierte.*_____...

3.

...que _____ _____.

4.

...que _____ _____...

5.

...que _____ _____... y que

_____ _____...

6.

...que _____...

Dicho y hecho: Manual de laboratorio

Estructuras

4. The subjunctive with expressions of emotion

10-10. **Las reacciones.** Describa las reacciones o los sentimientos de las personas, según los dibujos. Use las expresiones **siente(n) que...** y **se alegra(n) de que...**

Elena y Juanito

Modelo: Usted oye: Llueve.
Usted dice: **Elena y Juanito sienten que llueva.**
Confirmación: Elena y Juanito sienten que llueva.
Usted repite: **Elena y Juanito sienten que llueva.**

1.

Elena y Juanito

2.

Nancy y el profesor

3.

Esteban

4.

Manuel y Linda

5.

Pepita

6.

Camila

✎ **10-11. Preguntas para usted.** Escriba respuestas para las siguientes preguntas. Conteste con oraciones completas. Cada pregunta se repite una vez.

1. _____

2. _____

3. _____

4. _____

5. _____

Capítulo 11

Aventuras al aire libre

Chapter overview

In order to do the Lab Manual activities for this chapter, you will need either CD 6 or audio cassette 6B. Listen to the recording as many times as you need to in order to do the activities. Write down the track number as you listen to the material so you can find the activities easily when you listen to them again.

Actividad	Page number	Track
11-1. ¡Aventuras!	LM 114	_____
11-2. ¿Agua o tierra?	LM 116	_____
11-3. ¿Playa o montañas?	LM 116	_____
11-4. Más aventuras	LM 117	_____
11-5. Mis gustos	LM 118	_____
11-6. Preguntas para usted	LM 118	_____
11-7. ¿Para qué?	LM 118	_____
11-8. El viaje de Carmen a Panamá	LM 119	_____
11-9. Los efectos de la contaminación	LM 119	_____
11-10. ¿Lo duda o lo cree?	LM 120	_____
11-11. ¿Lo duda o está seguro/a?	LM 120	_____
11-12. Su amigo lo duda todo	LM 121	_____
11-13. Mi reacción	LM 121	_____

11-1. **¡Aventuras!** Conteste las preguntas según los dibujos. Siga los números. Repita la respuesta correcta.

11-2. ¿Agua o tierra? Escuche lo que está haciendo cada grupo de estudiantes. Indique con una **X** si es una actividad acuática o terrestre.

> **Modelo:** Usted oye: Están practicando el descenso de ríos.
> Usted marca: ☒ acuática ☐ terrestre

1. ☐ acuática ☐ terrestre
2. ☐ acuática ☐ terrestre
3. ☐ acuática ☐ terrestre
4. ☐ acuática ☐ terrestre
5. ☐ acuática ☐ terrestre

6. ☐ acuática ☐ terrestre
7. ☐ acuática ☐ terrestre
8. ☐ acuática ☐ terrestre
9. ☐ acuática ☐ terrestre
10. ☐ acuática ☐ terrestre

11-3. ¿Playa o montañas? Escuche las dos descripciones siguientes —una de la playa y la otra de las montañas. Mientras escucha, escriba una lista de algunas de las actividades que correspondan a cada lugar. Luego, escuche otra vez, y escriba más actividades para completar la lista.

La playa: el lugar para vacacionar por excelencia	En las montañas: ¡vacaciones de altura!

Así se dice

Más aventuras

11-4. **Más aventuras.** Identifique lo que usted ve en los dibujos. Siga los números. Repita la respuesta correcta.

1.

Un paseo por el campo

2.

Explorando la selva

3.

En el desierto

Estructuras

1. Verbs similar to *gustar*

11-5. **Mis gustos.** Conteste las preguntas para indicar sus gustos e intereses personales.

> **Modelo:** Usted oye: ¿Le fascinan a usted las tormentas?
> Usted dice: **Sí, me fascinan.**   *o*   **No, no me fascinan.**
> Confirmación: Sí, me fascinan.   *o*   No, no me fascinan.

1. ...   2. ...   3. ...   4. ...   5. ...   6. ...   7. ...

11-6. **Preguntas para usted.** Conteste las siguientes preguntas con oraciones completas. Cada pregunta se repite una vez.

1. _____

2. _____

3. _____

4. _____

Estructuras

2. *Para* and *por* (A summary)

11-7. **¿Para qué?** Los estudiantes indicados van a lugares diferentes. Diga para qué.

> **Modelo:** Usted oye: Ana va a la biblioteca. ¿Para qué?
> Usted dice: **para estudiar**
> Confirmación: para estudiar, etc.

1. ...   2. ...   3. ...   4. ...   5. ...

11-8. El viaje de Carmen a Panamá.

Conteste las preguntas, según los dibujos y según el modelo. Preste atención a las preposiciones **por** y **para**.

> **Modelo:**
>
> Usted oye: ¿Para qué compañía trabaja Carmen?
> Usted dice: **Trabaja para ATyP.**
> Confirmación: Trabaja para ATyP.
> Usted repite: **Trabaja para ATyP.**

1.
2.
3.
4.

Así se dice

La naturaleza y el medio ambiente

11-9. Los efectos de la contaminación.

Escuche lo que ocurre a causa de la contaminación. Mientras escucha, busque la sección del dibujo que corresponda a la descripción y escriba el número correspondiente en el círculo.

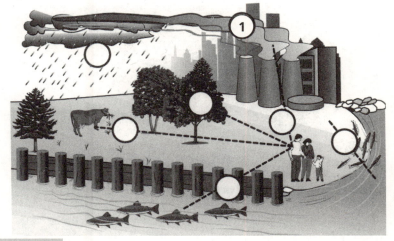

Palabras útiles:
envenenar *to poison*
envenenado/a *poisoned*

> **Modelo:**
>
> Usted oye: 1. La fábrica contamina el aire.
> Usted escribe: *1* en el círculo apropiado (Vea el dibujo.)

11-10. **¿Lo duda o lo cree?** En un futuro muy cercano, ¿cree usted que van a ocurrir las siguientes cosas? Escuche cada pronóstico. Indique con una **X** si usted duda que sea posible, o si cree que es posible.

En un futuro muy cercano...

1. ☐ Dudo que sea posible.   ☐ Creo que es posible.

2. ☐ Dudo que sea posible.   ☐ Creo que es posible.

3. ☐ Dudo que sea posible.   ☐ Creo que es posible.

4. ☐ Dudo que sea posible.   ☐ Creo que es posible.

5. ☐ Dudo que sea posible.   ☐ Creo que es posible.

6. ☐ Dudo que sea posible.   ☐ Creo que es posible.

7. ☐ Dudo que sea posible.   ☐ Creo que es posible.

11-11. **¿Lo duda o está seguro/a?** Escuche las declaraciones acerca de Esteban. Cada declaración se repite una vez. Luego, marque con una **X** la reacción más probable, según el dibujo: **Dudo que...** o **Estoy seguro/a de que...** y escriba la forma correcta del verbo en el espacio en blanco.

...a Esteban le
<u>gusta</u> dormir.

Modelo:	Usted oye:	A Esteban le gusta dormir.
	Usted marca:	☐ Dudo que...
		☒ Estoy seguro/a de que...
	Usted escribe:	...a Esteban le *gusta* dormir.
	Confirmación:	Estoy seguro o segura de que a Esteban le gusta dormir.

1. ☐ Dudo que...   ☐ Estoy seguro/a de que...

Esteban _____ _____ temprano todas las noches.

2. ☐ Dudo que...   ☐ Estoy seguro/a de que...

_____ _____ temprano todos los días.

3. ☐ Dudo que...   ☐ Estoy seguro/a de que...

_____ ganas de levantarse.

4. ☐ Dudo que...   ☐ Estoy seguro/a de que...

_____ que levantarse ahora.

5. ☐ Dudo que...   ☐ Estoy seguro/a de que...

_____ un poco perezoso.

6. ☐ Dudo que...   ☐ Estoy seguro/a de que...

_____ el mejor estudiante de la clase.

Estructuras

4. The present perfect subjunctive

11-12. Su amigo lo duda todo. Diga que su amigo duda que las personas indicadas hayan hecho ciertas cosas.

Modelo:	Usted oye:	montar a caballo (ella)
	Usted dice:	**Duda que haya montado a caballo.**
	Confirmación:	Duda que haya montado a caballo.
	Usted repite:	**Duda que haya montado a caballo.**

1. ...   **2.** ...   **3.** ...   **4.** ...

11-13. Mi reacción. Indique si usted **se alegra que** o si **siente que** las siguientes cosas hayan ocurrido. Escriba el verbo de su respuesta en el espacio en blanco.

...<u>haya ganado</u>...

Modelo:	Usted oye:	Octavio ha ganado el campeonato.
	Usted dice:	**Me alegro que haya ganado el campeonato.**
	Usted escribe:	...*haya ganado*...
	Confirmación:	Me alegro que haya ganado el campeonato.

1.

... _____ _____ ...

2.

... _____ _____ ...

3.

... _____ _____ ...

4.

... _____ _____ ...

5.

... _____ _____ ...

Dicho y hecho: Manual de laboratorio

12 Capítulo De viaje al extranjero

Chapter overview

In order to do the Lab Manual activities for this chapter, you will need either CD 7 or audio cassette 7A. Listen to the recording as many times as you need to in order to do the activities. Write down the track number as you listen to the material so you can find the activities easily when you listen to them again.

12-1. De viaje. Conteste las preguntas según el dibujo. Siga los números. Repita la respuesta correcta.

12-2. Se van de viaje. Conteste las preguntas según los dibujos. Repita la respuesta correcta.

1.

2.

3.

4.

5.

6.

Pepita

Rubén

7.

12-3. El vuelo 782. Escuche lo que dice la azafata del vuelo 782. Mientras escucha, escriba en los espacios en blanco las palabras que faltan.

Pasajeros y pasajeras, bienvenidos a la _____ AeroSA y al

_____ 782 con destino a la Ciudad de México. Sentimos

mucho la pequeña _____. ... Por favor, los que están en los

_____, siéntense. Abróchense los _____ y pongan

sus _____ en la posición vertical. ... Veinte minutos

después de _____, les vamos a servir el almuerzo.

¡_____ de su vuelo! ...

Estructuras

1. The subjunctive with impersonal expressions

12-4. Esteban en Madrid. ¿Qué debe hacer Esteban? Responda según los dibujos.

despertarse

> **Modelo:** Usted oye: Es urgente...
> Usted dice: **Es urgente que se despierte.**
> Confirmación: Es urgente que se despierte.
> Usted repite: **Es urgente que se despierte.**

1.

peinarse y afeitarse

2.

leer el libro

3.

no beber...

4.

no fumar

5.

retirar dinero del
cajero automático

6.

comprar el libro

✎ **12-5.** **En mi vida.** Complete las cinco oraciones para indicar lo que es necesario, etc. en su vida. Escriba las respuestas.

> **Modelo:** Usted oye: Es importante que... (se repite)
> Usted escribe: *Es importante que saque buenas notas.*

1. _____

2. _____

3. _____

4. _____

5. _____

Así se dice

En el hotel

12-6. **En el hotel.** Identifique cada objeto, persona, etc. Siga los números. Repita la respuesta correcta.

Dicho y hecho: Manual de laboratorio

12-7. **El Hotel Mil Estrellas.** Escuche el anuncio para el Hotel Mil Estrellas. Mientras escucha, escriba frases breves para indicar lo que ofrece el hotel.

El Hotel Mil Estrellas
ambiente tropical

Así se dice

Los números ordinales

12-8. **Un hotel muy grande.** Diga en qué piso están las habitaciones. Escriba la respuesta. Siga el modelo.

> **Modelo:** Usted oye: Las habitaciones del 100 al 199 están en el primer
> piso. Las del 200 al 299 están...
> Usted dice: **en el segundo piso**
> Usted escribe: *segundo*
> Confirmación: en el segundo piso

1. _____   5. _____

2. _____   6. _____

3. _____   7. _____

4. _____

Estructuras

2. More indefinite and negative words

12-9. Alfonso en México. Alfonso habla de su visita a la Ciudad de México. Escuche la narración y complétela con las palabras que faltan.

Primero, fuimos a la Ciudad Universitaria y conocimos a

_____ estudiantes muy simpáticos, pero no visitamos

_____ clase. Luego, _____ nos

acompañó al centro, donde exploramos la ciudad en metro, sin la ayuda de

_____. Después de visitar el impresionante Museo de

Antropología, fuimos de compras en la Zona Rosa. Los otros se compraron

_____ artesanías, pero yo no me compré

_____. _____ fuimos a un

restaurante, donde pedimos varios platos típicos mexicanos. ¡No pedimos

_____ plato norteamericano! Por la noche no fuimos

_____ a la ópera _____ a una obra

de teatro, pero sí vimos el famoso Ballet Foclórico. ¡_____

día tienes que visitar esta magnífica ciudad!

Estructuras

3. The subjunctive with indefinite entities

12-10. ¿Quién puede ayudarme? Imagine que usted acaba de llegar a una ciudad y necesita ayuda. Hágales preguntas a las personas para ver quién puede ayudarle.

> **Modelo:** Usted oye:　　　hablar inglés
> Usted dice:　　　**¿Hay alguien aquí que hable inglés?**
> Confirmación: ¿Hay alguien aquí que hable inglés?
> Usted repite:　**¿Hay alguien aquí que hable inglés?**

1. ...　**2.** ...　**3.** ...　**4.** ...

12-11. **Sí y no.** ¿Conoce a alguien o no que corresponda a la descripción indicada? Conteste las preguntas. Luego, escriba el verbo de su respuesta en el espacio en blanco.

> **Modelo:** Usted oye: ¿Conoce usted a alguien que tenga motocicleta?
> Usted dice: **Sí, conozco a alguien que tiene motocicleta.** *o*
> **No, no conozco a nadie que tenga motocicleta.**
> Usted escribe: *tiene* o *tenga*
> Confirmación: Sí, conozco a alguien que tiene motocicleta. *o*
> No, no conozco a nadie que tenga motocicleta.

1. Sí, conozco a alguien que _____... *o*

No, no conozco a nadie que _____...

2. Sí, conozco a alguien que _____... *o*

No, no conozco a nadie que _____...

3. Sí, conozco a alguien que _____... *o*

No, no conozco a nadie que _____...

4. Sí, conozco a alguien que _____ _____... *o*

No, no conozco a nadie que _____ _____...

Estructuras

4. The future tense

12-12. **De viaje a España.** Imagine que usted y sus amigos van a hacer un viaje a España en unos meses. Explique lo que cada uno de ustedes hará antes del viaje.

> **Modelo:** Usted oye: Buscaremos vuelos económicos en Internet. (tú)
> Usted dice: **Buscarás vuelos económicos en Internet.**
> Confirmación: Buscarás vuelos económicos en Internet.
> Usted repite: **Buscarás vuelos económicos en Internet.**

1. ... **2.** ... **3.** ... **4.** ...

12-13. Preguntas para usted. Escuche las siguientes situaciones y conteste las preguntas correspondientes para indicar lo que usted hará. Cada situación y cada pregunta se repiten una vez.

1. _____

2. _____

3. _____

4. _____

Dicho y hecho: Manual de laboratorio

13 En el extranjero

Capítulo

Chapter overview

In order to do the Lab Manual activities for this chapter, you will need either CD 7 or audio cassette 7B. Listen to the recording as many times as you need to in order to do the activities. Write down the track number as you listen to the material so you can find the activities easily when you listen to them again.

13-1. **De viaje.** Conteste las preguntas según el dibujo. Siga los números. Repita la respuesta correcta.

13-2. **Letreros (*Signs*).** Escuche la descripción de cada letrero. Luego, escriba la letra (*letter*) de la descripción debajo del letrero que corresponda.

1.  _a_

2.  _____

3.  _____

4.  _____

5.  _____

6.  _____

7.  _____

Así se dice
Los vehículos y los mecánicos

13-3. **Taller Mecánico Uribe.** Escuche los servicios que ofrece el taller. Complete el anuncio con las palabras que faltan.

TALLER MECÁNICO URIBE

Le revisamos la batería

y el _____ de las _____.

Le cambiamos los filtros y

el _____.

Le _____ los _____

y le afinamos el _____.

Consulta y café _____

13-4. **Un paseo por la ciudad.** Conteste las preguntas según el mapa de la ciudad. Repita la respuesta correcta.

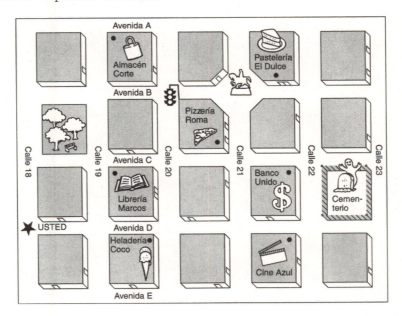

1. ... 2. ... 3. ... 4. ... 5. ... 6. ... 7. ... 8. ... 9. ...

Estructuras

1. *Nosotros* (*Let's*) commands

13-5. **Antes del viaje en carro.** Indique lo que usted y sus amigos van a hacer antes de su viaje. Use el mandato de **nosotros**.

> **Modelo:** Usted oye: llevar el carro a la gasolinera
> Usted dice: **Llevemos el carro a la gasolinera.**
> Confirmación: Llevemos el carro a la gasolinera.
> Usted repite: **Llevemos el carro a la gasolinera.**

1. ... **2.** ... **3.** ... **4.** ... **5.** ... **6.** ... **7.** ...

Estructuras

2. The subjunctive with expressions of condition or purpose

13-6. **Condiciones.** Ronaldo está pensando hacer un viaje en tren, pero siempre hay condiciones. Escuche lo que le dice a su amiga Marisela. Complete las oraciones con las palabras que faltan.

Marisela, haré el viaje en tren con tal que _____ hacer las

reservaciones esta semana, y con tal que _____ boletos

de _____ clase... Y claro, no voy a menos que me

_____ tres semanas de vacaciones,... y a menos que tú

_____ el viaje _____...

13-7. La maleta de Alfonso.
Alfonso va a hacer un viaje a Yucatán, México. ¿Por qué lleva las cosas indicadas? Use la expression **en caso de que** en cada respuesta.

llover

Modelo: Usted oye: ¿Por qué lleva el paraguas?
Usted dice: **Lo lleva en caso de que llueva.**
Confirmación: Lo lleva en caso de que llueva.
Usted repite: **Lo lleva en caso de que llueva.**

1.
hacer fresco

2.
ir a la playa

3.
querer sacar fotos

4.
querer hacer llamadas

5.
tener dolor de cabeza

6.
tener problemas digestivos

13-8. **En la estación del ferrocarril.** Conteste las preguntas según el dibujo. Siga los números. Repita la respuesta correcta.

Estructuras

3. The imperfect subjunctive

13-9. **¿Qué quería la profe?** Diga lo que la profe quería que cada persona hiciera.

Modelo:		
	Usted oye:	estudiar los verbos (yo)
	Usted dice:	**Quería que estudiara los verbos.**
	Confirmación:	Quería que estudiara los verbos.
	Usted repite:	**Quería que estudiara los verbos.**

13-10. Natalia de voluntaria. Natalia trabajaba en una clínica y decidió llevar medicamentos a Los Nevados, un pueblo remoto de los Andes. Su amiga había hecho el viaje antes. ¿Qué le recomendó ella? Primero, responda. Luego, escriba la forma correcta del verbo en el espacio en blanco.

Modelo:

Usted oye: despertarse

Usted dice: **Le recomendó que se despertara a las cinco.**

Usted escribe: *se despertara*

Confirmación: Le recomendó que se despertara a las cinco.

...que *se despertara*...

1.

...que _____ ...

2.

...que _____ ...

3.

...que _____ ...

4.

...que _____ ...

5.

...que le _____ ...

6.

...que _____ _____ ...

y ...que _____ ...

✎ 13-11. Preguntas para usted. Conteste las siguientes preguntas. Mencione por lo menos dos ejemplos en cada caso. Cada pregunta se repite una vez.

1. Me... _____

   y _____

2. _____

   y _____

Estructuras

4. The impersonal *se*

13-12. **¿Qué se hace?** Escuche cada pregunta y marque con una **X** la respuesta correcta. Hay más de una respuesta posible.

1. ☐ se juega al golf o al tenis   ☐ se practica el esquí acuático   ☐ se estudia

2. ☐ se compran boletos   ☐ se usan los servicios   ☐ se bucea

3. ☐ se hace ejercicio   ☐ se leen revistas   ☐ se descansa

4. ☐ se pone aire en las llantas   ☐ se revisa el aceite   ☐ se toma *Benadryl*

14 Capítulo **El mundo en las noticias**

Chapter overview

In order to do the Lab Manual activities for this chapter, you will need either CD 8 or audio cassette 8A. Listen to the recording as many times as you need to in order to do the activities. Write down the track number as you listen to the material so you can find the activities easily when you listen to them again.

Actividad	Page number	Track
14-1. Noticias actuales	LM 144	_____
14-2. Mi entrevista de trabajo	LM 146	_____
14-3. Lo positivo y lo negativo	LM 146	_____
14-4. ¿Cuándo se van?	LM 147	_____
14-5. El viaje de Ronaldo	LM 148	_____
14-6. ¿Qué harían con el dinero?	LM 148	_____
14-7. ¿Qué haría Ronaldo?	LM 149	_____
14-8. Estaría muy feliz	LM 149	_____
14-9. La fantasía	LM 150	_____
14-10. Preguntas para usted	LM 150	_____
14-11. Somos idealistas	LM 151	_____

14-1. **Noticias actuales.** Complete las oraciones con las palabras que faltan. Siga los números. Repita la respuesta correcta.

14-2. Entrevista de trabajo. Escuche la lista de lo que se debe hacer antes o durante una entrevista de trabajo con una empresa. Algunas de las sugerencias *no* son buenas. Marque **sí** o **no** con una **X** para indicar si la sugerencia es buena o no.

1. ☐ sí ☐ no   7. ☐ sí ☐ no

2. ☐ sí ☐ no   8. ☐ sí ☐ no

3. ☐ sí ☐ no   9. ☐ sí ☐ no

4. ☐ sí ☐ no   10. ☐ sí ☐ no

5. ☐ sí ☐ no   11. ☐ sí ☐ no

6. ☐ sí ☐ no   12. ☐ sí ☐ no

Así se dice

Los problemas mundiales

14-3. Lo positivo y lo negativo. Escuche las siguientes expresiones. Indique con una **X** si cada expresión representa algo positivo o algo negativo de nuestra sociedad.

| **Modelo:** | Usted oye: | el desempleo |
| | Usted marca: | ☐ positivo ☒ negativo |

1. ☐ positivo ☐ negativo   7. ☐ positivo ☐ negativo

2. ☐ positivo ☐ negativo   8. ☐ positivo ☐ negativo

3. ☐ positivo ☐ negativo   9. ☐ positivo ☐ negativo

4. ☐ positivo ☐ negativo   10. ☐ positivo ☐ negativo

5. ☐ positivo ☐ negativo   11. ☐ positivo ☐ negativo

6. ☐ positivo ☐ negativo   12. ☐ positivo ☐ negativo

Estructuras

1. The subjunctive with time expressions

14-4. **¿Cuándo se van?** Los universitarios se van de viaje en carro a ser voluntarios en Baja California. Diga que se van **cuando/ tan pronto como/ después de que** hagan ciertas cosas.

tan pronto como /
Camila

> **Modelo:** Usted oye: limpiar su apartamento
> Usted dice: **Se van tan pronto como Camila limpie su apartamento.**
> Confirmación: Se van tan pronto como Camila limpie su apartamento.
> Usted repite: **Se van tan pronto como Camila limpie su apartamento.**

1.

cuando / Javier

2.

tan pronto como / Alfonso

3.

después de que / Esteban

4.

tan pronto como / Rubén

5.

cuando / Carmen y Linda

6.

después de que / Pepita e Inés

14-5. El ... e de Ronaldo. Escuche a Ronaldo hablar de cuándo hará un viaje ... todo el mundo. Escriba una lista de las condiciones necesarias para hacer ... viaje.

Listening hint: Remember that you may find it useful to listen to comprehension exercises 2–3 times.

Ronaldo hará su viaje
cuando...
ahorre mucho dinero

Estructuras

2. The conditional tense

14-6. ¿Qué harían con el dinero? Indique lo que las siguientes personas harían con el dinero si se ganaran la lotería.

Modelo:	Usted oye:	ir a Europa (Carlos)
	Usted dice:	**Iría a Europa.**
	Confirmación:	Iría a Europa.
	Usted repite:	**Iría a Europa.**

1. ...   **2.** ...   **3.** ...   **4.** ...

14-7. **¿Qué haría Ronaldo?** Ronaldo siempre está pensando en viajes imagin...os. Hoy, piensa en lo que haría si estuviera en la península de Yucatán en Méxi... Escuche lo que dice, y mientras escucha, escriba una lista de algunas de sus actividades imaginarias. Use el condicional.

Si estuviera en Yucatán...
alquilaría una casa...

Estructuras

3. *If* clauses

14-8. **Estaría muy feliz (*happy*).** Escuche la descripción de cada persona. Mientras escucha, escriba el verbo que falta en el espacio en blanco.

Estaría muy feliz...

1. Lidia: ...*si* _____ paz en el mundo.

2. Teresa: ...*si* _____ más árboles.

3. Héctor: ...*si* _____ empleo.

4. Humberto: ...*si* _____ menos crimen.

5. Elena: ...*si* _____ ir a la luna.

6. Margarita: ...*si* _____ una cura para el cáncer.

14-9. La fantasía. Según los dibujos, diga lo que usted haría en las circunstancias indicadas. Siga el modelo.

Modelo:	Usted oye:	ser
	Usted dice:	**Si fuera pájaro...**
	Usted oye:	volar
	Usted dice:	**...volaría por todo el mundo.**
	Confirmación:	Si fuera pájaro, volaría por todo el mundo.
	Usted repite:	**Si fuera pájaro, volaría por todo el mundo.**

1.

2.

3.

4.

5.

6.

14-10. Preguntas para usted. Escriba respuestas para las siguientes preguntas. Conteste con oraciones completas. Cada pregunta se repite una vez.

1. _____

2. _____

3. _____

Dicho y hecho: Manual de laboratorio

Estructuras

4. The imperfect subjunctive with *ojalá*

14-11. Somos idealistas. Escuche la lista de ocho deseos y complete cada oración.

1. Ojalá que hiciera _____ todos los días.

2. Ojalá que _____ vacaciones muy largas.

3. Ojalá que no hubiera _____ finales.

4. Ojalá que no _____ enfermedades.

5. Ojalá que _____ hasta los ciento cincuenta años.

6. Ojalá que pudiéramos _____ los problemas del mundo.

7. Ojalá que no existiera la _____.

8. Ojalá que _____ _____ la naturaleza.

Ahora, marque con una **X** los deseos que sean más importantes para usted.

Answer Key

Answer Key
for Cuaderno de ejercicios escritos

Para empezar

P-1
1. ¿Cómo se llama usted?
2. ¿Cómo te llamas?
3. Me llamo...
4. ...le presento a mi amigo Octavio.
5. ...te presento a mi amigo Octavio.
6. Encantado/a. *o* Mucho gusto.
7. El gusto es mío. *o* Igualmente.

P-2
1. ¿De dónde es la profesora Guzmán? Es de España.
2. ¿De dónde es usted? Soy de Texas.
3. ¿De dónde eres tú? Soy de Arizona.

P-3
1. yo
2. nosotros/as
3. tú
4. vosotros/as
5. ustedes
6. ellas
7. usted

P-4
1. somos   2. soy   3. son   4. es

P-5
1. Sí, es pesimista. *o* ¡No, no es pesimista!
2. Sí, es inteligente. *o* ¡No, no es inteligente!
3. Sí, es irresponsable. *o* ¡No, no es irresponsable!
4. Sí, es sentimental. *o* ¡No, no es sentimental!

P-6
1. Buenas tardes, señor Gutiérrrez.
2. ¿Cómo está usted?
3. Hola, Lisa.
4. ¿Cómo estás?
5. ¿Qué pasa? *o* ¿Qué hay de nuevo?
6. Hasta mañana.

P-7
1. Perdón. *o* Disculpe.
2. Muchas gracias. *o* Gracias. De nada.
3. Con permiso.
4. Perdón, (profesor/a).

P-8
1. quince
2. veintisiete
3. sesenta
4. ochenta
5. cuarenta y seis
6. cincuenta y cinco
7. catorce
8. noventa y tres

P-9
(Answers will vary.)

P-10
martes miércoles jueves viernes sábado domingo
1. ...lunes, el miércoles, el viernes
2. el martes, el jueves
3. el martes
4. el sábado
5. el domingo

P-11
1. enero, febrero
2. abril, mayo
3. julio, agosto
4. octubre, noviembre

P-12
1. el ocho de octubre
2. el veintiuno de noviembre
3. el diecinueve de diciembre
4.-5. *(Answers will vary.)*
6. el primero de enero
7. el quince de marzo
8. el doce de mayo
9. el trece de julio

P-13
(No answers provided for this exercise.)

P-14
1. Son las tres y media de la mañana.
2. Son las ocho y diez de la mañana.
3. Es la una menos cuarto de la tarde. *o* Son las doce y cuarenta y cinco de la tarde.
4. Son las doce menos diez de la noche. *o* Son las once y cincuenta de la noche.

P-15
1. Es mexicano.
2. Es ecuatoriano.
3. Es española.
4. Es cubana.
5. Es costarricense.
6. Es estadounidense.
7. Es puertorriqueña.
8. Es panameño.
9. Es venezolana.

P-16, P-17
*(No answers provided for **General review** exercises.)*

P-17
No answers provided for this exercise.

Capítulo 1

1-1

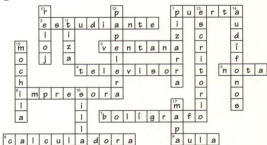

1-2

1. el mensaje
2. la composición
3. la red
4. el cuaderno/ la impresora
5. el sitio web
6. el teclado
7. el ratón
8. la tarea

1-3

(No answers provided for reading exercises.)

1-4

1. Sí, hay videograbadora. *o* No, no hay videograbadora.
2. Sí, hay televisor. *o* No, no hay televisor.
3. Sí, hay pantallas. *o* No, no hay pantallas.
4. Sí, hay pizarra/s. *o* No, no hay pizarra/s.
5. Sí, hay un escritorio. *o* No, no hay un escritorio.
6. Sí, hay pupitres. *o* No, no hay pupitres.
7. Sí, hay un mapa. *o* No, no hay un mapa.
8. Sí, hay computadora/s. *o* No, no hay computadora/s.

1-5

1. Translate the sentence.
2. Work with three classmates.
3. Repeat the verbs.
4. Close the window, please.
5. Write the words in the notebook.

1-6

1. ¿Qué significa la palabra **bolígrafo**?
2. Por favor, repita la palabra.
3. Perdón, ¿en qué página está el ejercicio?
4. ¿Cómo se dice *cat* en español?
5. Lea más despacio, por favor.

1-7

1. la, los, la, el, las, las, la
2. unos, un, un, una, una, unos, un

1-8

1. los exámenes
2. los lápices
3. las notas
4. las respuestas
5. los cuadernos
6. las composiciones

1-9

1. Va a la clase de español.
2. (Carlos y Teresa) Van al centro estudiantil.
3. (Lisa y yo) Vamos a la librería.
4. Vas a la oficina del profesor.
5. Van al gimnasio.

1-10

1. Va a la clase de historia los lunes, los miércoles y los viernes a las diez y veinticinco de la mañana.
2. Va a la clase de química los martes y los jueves a las once y cuarto (once y quince) de la mañana.
3. Va al laboratorio de química los martes a la una y media (una y treinta) de la tarde.
4. Va a la clase de economía los lunes y los miércoles a las dos y treinta y cinco (a las tres menos veinticinco) de la tarde.

1-11

1. Es a las ocho y media.
2. Es a las nueve.
3. Es a las siete y cuarto *o* siete y quince.

1-12

1. a. Sí, los estudiantes estudian los fines de semana. *o* No, los estudiantes no estudian los fines de semana.
   b. Yo (no) estudio los fines de semana.
2. a. Sí, desayunan todas las mañanas. *o* No, no desayunan todas las mañanas.
   b. Yo (no) desayuno todas las mañanas.
3. a. Sí, trabajan por la noche. *o* No, no trabajan por la noche.
   b. Yo (no) trabajo por la noche.
4. a. Sí, toman apuntes en todas las clases. *o* No, no toman apuntes en todas las clases.
   b. Yo (no) tomo apuntes en todas las clases.
5. a. Sí, navegan por la red y mandan mensajes electrónicos. *o* No, no navegan por la red y no mandan mensajes electrónicos.
   b. Yo (no) navego por red y (no) mando mensajes electrónicos.

1-13

(Answers will vary.)

1. Cenamos...
2. Compramos...
3. Estudiamos...
4. Llegamos...

1-14

1. ¿Escuchas discos compactos con frecuencia?
2. ¿Usas las computadoras del laboratorio?
3. ¿Tomas buenos apuntes en tus clases?
4. ¿Sacas buenas notas?

1-15

1. por la mañana *o* por la noche.
2. la noche.
3. por la tarde *o* por la noche.
4. temprano *o* a tiempo.
5. los días.
6. los fines de semana.

1-16

1. comer *o* beber
2. vivir
3. comprar
4. estudiar *o* leer *o* escribir
5. escribir
6. estudiar
7. hablar
8. imprimir
9. estudiar
10. beber

1-17

(Answers will vary.)

1. Vivo en...
2. Hago la tarea...
3. Como en...
4. Salgo con mis amigos...

1-18

1. Sí, (No,) asistimos a muchos conciertos.
2. Sí, (No,) comemos en restaurantes con frecuencia.
3. Sí, (No,) bebemos cerveza.
4. Sí, (No,) vamos al centro estudiantil con frecuencia.

5. Sí, (No,) vivimos en las residencias estudiantiles de la universidad.

1-19, 1-20
*(No answers provided for **General review** exercises.)*

Capítulo 2

2-1

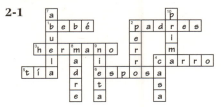

2-2
1. padrastro
2. hermanastros
3. cuñada
4. sobrino
5. bisabuela
6. mejor

2-3
1. tengo
2. tiene
3. tienes
4. tienen
5. tenemos

2-4
1. ...veintiún años
2. ...tiene cuarenta y cuatro años
3. ...tiene sesenta y siete años
4. ...tiene cien años
5. ...tengo...

2-5
1. Noé y Lucía cuidan a sus nietos cuando los padres van al trabajo.
2. Julia besa y abraza a su bebé frecuentemente.
3. Andrés ama a sus hijos con todo el corazón.
4. Juanito y Elena visitan a sus primos en ocasiones especiales.
5. El tío Antonio llama a su sobrino Juanito y hablan por teléfono con frecuencia.

2-6
1. Carmen busca al profesor.
2. El profesor busca a los estudiantes.
3. Los estudiates buscan el aula.

2-7
1. mi
2. sus
3. su
4. tu, tus
5. nuestros
6. nuestro

2-8
1. ¿De quién son los casetes? Son del profesor.
2. ¿De quién son los discos compactos? Son de la profesora.
3. ¿De quién es el bolígrafo? Es de Alberto.
4. ¿De quién son los cuadernos? Son de los estudiantes.
5. ¿De quién es la casa? Es del rector de la universidad.

2-9
1. Son guapos.
2. Soy rico.
3. Es inteligente.
4. Es trabajadora.
5. Es alta.
6. Son morenos.
7. Son fuertes.
8. Son interesantes.
9. Es simpático.
10. Son mayores.
11. Son pequeñas.
12. Son fáciles.
13. Son buenos.

2-10
(Answers will vary.)

2-11
1. médico, médica, enfermero, enfermera
2. hombre de negocios, mujer de negocios
3. contador, contadora
5. abogado, abogada
6. maestro, maestra

2-12
(Answers will vary.)
1. ...estoy en...
2. ...está en...
3. ...están en...
4. ...está en ...
5. ¿...estás? ¿En... ?

2-13
1. Estamos en la ciudad.
2. Estamos en las montañas.
3. Estamos en la playa.
4. Estamos en la clase *o* la universidad.
5. Estamos en el trabajo.
6. Estamos en casa.

2-14
1. Están cansadas.
2. ...están preocupados *o* nerviosos *o* estresados.
3. ...está enojada *o* triste *o* preocupada.
4. Están tristes *o* preocupados.
5. ...están aburridos.
6. Están cansados.
7. Está enfermo.

2-15
(No answers provided for reading exercises.)

2-16
1. ...es de México.
2. ...es estudiante.
3. ...es super simpática y muy divertida.
4. ...está en Washington.
5. ...está contenta.
6. ...están ocupados.

2-17
1. está
2. Es
3. es, es
4. están
5. es
6. Es
7. Es
8. está
9. es
10. Está

2-18, 2-19
*(No answers provided for **General review** exercises.)*

Capítulo 3

3-1

3-2
(Answers will vary.)

3-3
(No answers provided for reading exercises.)

3-4
1. Anita va a cocinar. Va a preparar una paella. Sí, le gustan (los mariscos).
2. Le gusta la pizza de pepperoni. Prefiere la Coca-Cola.
3. No, a Anita y a Pablo no le gustan las frutas. Sí, a Elena le gustan (las frutas).
4. *(Anwers will vary.)* Me gusta comprar...

3-5
1. A mis hermanos les gustan las chuletas de cerdo. *o* A mis hermanos no les gustan las chuletas de cerdo.
2. A Carlos le gusta el pollo. *o* A Carlos no le gusta el pollo.
3. A mí me gustan las frutas. *o* A mí no me gustan las frutas.
4. A mi papá le gustan las papas con carne de res. *o* A mi papá no le gustan las papas con carne de res.

3-6
2. Duermes
3. Puedes
4. Almuerzas
5. Sirven
6. Entiendes

1. Prefiero la clase de...
2. Sí, duermo ocho horas todas las noches. *o* No, no duermo ocho horas todas las noches.
3. Sí, puedo estudiar toda la noche sin dormir. *o* No, no puedo estudiar toda la noche sin dormir.
4. Sí, almuerzo al mediodía. *o* No, no almuerzo al mediodía.
5. Sí, sirven platos vegetarianos en la cafetería. *o* No, no sirven platos vegetarianos en la cafetería.
6. Sí, entiendo lo que dice mi profesor/a de español. *o* No, no entiendo lo que dice mi profesor/a de español.

3-7
1. ¿Dónde almuerzan ustedes?
   Almorzamos en...
2. En los restaurantes, ¿qué comida piden ustedes con frecuencia?
   Pedimos...
3. ¿Qué bebidas prefieren ustedes?
   Preferimos...
4. ¿Adónde quieren ir ustedes esta noche?
   Queremos ir a...
5. ¿Cuándo pueden salir ustedes?
   Podemos salir...

3-8
1. desayuno
2. almuerzo
3. cena
4. ensalada
5. vinagre
6. fritas
7. pimienta
8. mermelada
9. azúcar
10. vino
11. frío
12. bebidas
13. postres

3-9
(Answers will vary.)

3-10
(Answers will vary.)

3-11
1. ...¿tienes hambre?
2. ¿Quieres un sándwich y también sopa? *o* ¿Quieres un sándwich y sopa también?
3. Tengo mucha sed y quiero otra bebida. *o* Tengo mucha sed y deseo otra bebida. *o* Tengo mucha sed y quiero otro refresco. *o* Tengo mucha sed y deseo otro refresco.

3-12
1. 2.064 dos mil sesenta y cuatro
2. 584 quinientos ochenta y cuatro
3. 397 trescientos noventa y siete
4. 758 setecientos cincuenta y ocho
5. 728 setecientos veintiocho
6. 3.134 tres mil ciento treinta y cuatro

3-13
1. ...vas a cenar? Ahora o más tarde?
2. ¿Dónde está el restaurante?
3. ¿Qué tipo de comida sirven?
4. ¿Quién es esa mujer?
5. ¿Cómo preparan el pescado? ¿Frito o al horno?
6. ¿Cuál de los postres deseas?
7. ¿Cuánto cuesta la cena?

3-14
(Answers will vary.)
1. ¿Cómo estás hoy? Bien gracias, ¿y tú?
2. ¿Dónde vives ahora? Vivo en...
3. ¿Cuántos hermanos o hermanas tienes? Tengo...
4. ¿Cuál es tu comida favorita? Es...
5. ¿Cuándo puedes ir al cine conmigo? Puedo ir al cine (contigo)...

3-15, 3-16
*(No answers provided for **General review** exercises.)*

Copyright © 2004 John Wiley & Sons, Inc.

Capítulo 4

4-1

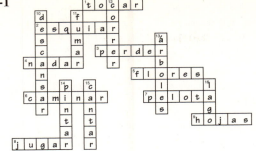

4-2
1. amarillas
2. rojas
3. verde
4. anaranjadas
5. blancas *o* rojas
6. azules

4-3
1. Quiere ir de compras.
2. Quiere limpiar el apartamento.
3. Quiere ver el partido en la tele.
4. Quieren bailar.
5. Quiere manejar.

4-4
(Answers will vary.)

4-5
(No answers provided for reading exercises.)

4-6
1. Conozco a María Luisa.
2. Sé su número de teléfono.
3. ¿Sabes dónde vive ella?
4. ¿Conoces bien esa parte de la ciudad?
5. María Luisa sabe tocar el piano muy bien.
6. ¿Saben tocar algún instrumento musical?

4-7
1. Hago ejercicio en el gimnasio. Él/Ella también hace ejercicio en el gimnasio.
2. Doy un paseo por el parque. Él/Ella también da un paseo por el parque.
3. Salgo con mis amigos. Él/Ella también sale con sus amigos.
4. Veo DVDs. Él/ella también ve DVDs.
5. Digo «hola» al entrar en la clase. Él/Ella también dice «hola» al entrar en la clase.
6. Vengo a clase bien preparado/a. Él/Ella también viene a clase bien preparado/a.
7. Traigo todos mis libros a clase. Él/Ella también trae todos sus libros a clase.
8. Pongo los libros en mi pupitre. Él/Ella también pone los libros en su pupitre.
9. Participo en todas las actividades. Él/Ella también participa en todas las actividades.

4-8
1. hacer investigación para su trabajo escrito.
2. trabajar el sábado por la tarde.
3. ir al supermercado.
4. limpiar el apartamento.
5. jugar al tenis con Javier.

6. ir al cine o a una fiesta con algunos de sus amigos.
7. descansar.

4-9
(Answers will vary.)
1. Pienso...
2. Tengo que...
3. Debo...
4. Tengo ganas de...

4-10
1. Vamos a cenar en un restaurante.
2. Va a descansar.
3. Van a ir a una discoteca.
4. Voy a hacer ejercicio en el gimnasio.

4-11
1. frío
2. Hace calor.
3. Hace buen tiempo.
4. Hace mal tiempo.
5. Hace fresco.
6. Está nublado. *o* Hay nubes.
7. lloviendo, Llueve, lluvia
8. nieve
9. Hace, viento

4-12
1. ¿Qué tiempo hace en Buenos Aires? *o* ¿Cómo está/Qué tal el clima en Buenos Aires?
2. Hace mucho frío y tengo frío porque mi apartamento no tiene calefacción.
3. Hace calor aquí y tengo calor porque mi apartamento no tiene aire acondicionado.

4-13
1. Está escuchando música.
2. Está tomando el sol.
3. Está nadando.
4. Está jugando al vólibol.
5. Está leyendo una novela.
6. Está durmiendo.

4-14
1. es, origin
2. Es, characteristics/qualities
3. está, location
4. están, action in progress
5. Está, condition
6. Es, identity

4-15, 4-16
*(No answers provided for **General review** exercises.)*

Capítulo 5

5-1

5-2

(No answers provided for reading exercises.)

5-3

A

5, 2, 1, 8, 3, 6, 4, 7

B

2. Me levanto.
3. Me baño.
4. Me seco.
5. Me visto.
6. Me pongo los zapatos.
7. Desayuno.
8. Me cepillo los dientes.

5-4

1. Inés se maquilla.
2. Octavio se afeita.
3. Me ducho.
4. Nos peinamos.
5. Las chicas se quitan el maquillaje.
6. Te lavas la cara.
7. Ana y Lupe se ponen los pijamas de franela.
8. Me acuesto tarde.
9. Me corto las uñas.
10. Lavamos la ropa.
11. Camila limpia el apartamento.
12. Nos divertimos.
13. Linda y Manuel bailan.
14. Rubén toca la guitarra.

5-5

(Answers will vary.)

1. (Mi despertador) suena a las... (los lunes por la mañana).
2. Sí, me levanto inmediatamente. *o* No, no me levanto inmediatamente.
3. Sí, tengo que levantarme temprano todos los días. *o* No, no tengo que levantarme temprano todos los días.
4. Me acuesto a las... (normalmente).
5. Sí, me duermo fácilmente. *o* No, no me duermo fácilmente.

5-6

1. Raúl acaba de desayunar.
2. Lupe y María acaban de lavarse el pelo.
3. Acabamos de vestirnos.
4. Nuestros amigos acaban de salir de la residencia.

5-7

1. frecuentemente
2. fácilmente
3. rápidamente
4. constantemente
5. Usualmente

5-8

1. recepcionista
2. dependienta
3. mesero
4. repartidor
5. de tiempo parcial
6. de tiempo completo

5-9

1. volví, volvió, volvieron
2. estudié, estudió, estudiaron
3. escribí, escribió, escribieron
4. busqué, buscó, buscaron
5. leí, leyó, leyeron
6. jugué, jugó, jugaron
7. fui, fue, fueron
8. comí, comió, comieron
9. asistí, asitió, asitieron

5-10

1. Sí, estudiamos mucho. *o* No, no estudiamos mucho.
2. Sí, vimos la tele. *o* No, no vimos la tele.
3. Sí, comimos pizza. *o* No, no comimos pizza.
4. Sí, salimos a bailar. *o* No, no salimos a bailar.
5. Sí, fuimos de compras. *o* No, no fuimos de compras.
6. Sí, compramos muchas cosas. *o* No, no compramos muchas cosas.
7. Sí, regresamos tarde. *o* No, no regresamos tarde.

5-11

1. ¿Fuiste al centro ayer?
2. ¿Te cortaste el pelo?
3. ¿Te peinaste esta mañana?
4. ¿Te afeitaste esta mañana?
5. ¿Completaste la tarea para la clase de español?
6. ¿Aprendiste el vocabulario del Capítulo 5 para la prueba?
7. ¿Llegaste a la universidad temprano esta mañana?
8. ¿Imprimiste el trabajo para la clase de historia?
9. ¿Hablaste con el profesor consejero?
10. ¿Buscaste la información en Internet sobre España?

5-12

1. fue
2. Leí
3. Jugué
4. Almorcé
5. Fui, saqué
6. Llegué, llamó, invitó

5-13

(Answers will vary.)

5-14

1. Rosa los va a comprar. *o* Rosa va a comprarlos.
2. Mirta y Lidia la van a preparar. *o* Mirta y Lidia van a prepararla.
3. Alberto y su novia la van a cocinar. *o* Alberto y su novia van a cocinarla.
4. La profe lo va a limpiar después de la fiesta. *o* La profe va a limpiarlo después de la fiesta.

5-15

1. Rosa los compró.
2. Mirta y Lidia la prepararon.
3. Alberto y su novia la cocinaron.
4. La profe lo limpió después de la fiesta.

5-16

1. Sí, la está haciendo. *o* Sí, está haciéndola.
2. Sí, lo están limpiando. *o* Sí, están limpiándolo.
3. Sí, los está llamando. *o* Sí, está llamándolos.
4. Sí, las estoy preparando. *o* Sí, estoy preparándolas.

5-17, 5-18
*(No answers provided for **General review** exercises.)*

Capítulo 6

6-1

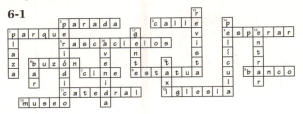

6-2
1. centro
2. se cierra
3. mejores, invitar
4. obra de teatro, averiguar, entradas
5. termina

6-3
1. entre
2. al lado de
3. delante de
4. detrás de
5. frente a

6-4
CELIA: Anita, en vez de estudiar, ¿quieres ir al cine?
ANITA: Sí, pero antes de salir tengo que enviar este mensaje eléctronico.
CELIA: Después de ver la película podemos caminar al Mesón para cenar.
ANITA: Está muy cerca del teatro, y la comida es excelente.

6-5
1. conmigo
2. contigo
3. ti
4. conmigo
5. nosotras
6. mí
7. ella
8. nosotros

6-6
1. Aquel
2. Esta
3. aquélla
4. Estos
5. Aquella
6. Esa
7. Esta
8. esa
9. ésta

6-7
2. Escribí la dirección en el sobre.
3. Compré un sello en la oficina de correos.
4. Eché la carta al correo.
5. Mandé también una tarjeta postal.
6. Recibí un paquete de mi familia.

6-8
USTED: hiciste
ELENA: hice, hicimos, hicieron

6-9
1. El mesero repitió las especialidades del restaurante.
   Yo repetí el nombre del plato especial.
   Anita y Linda repitieron el nombre de los aperitivos.
2. Yo pedí el plato especial de la casa.
   Anita pidió camarones al mojo de ajo.
   Tina y Susana pidieron chile verde.

3. Yo preferí el pastel de chocolate.
   Tina prefirió el flan de plátano.
   Susana y Anita prefirieron el helado de fresa.
4. Yo dormí bien toda la noche.
   Anita no durmió bien.
   Tina y Susana durmieron hasta las diez de la mañana.

6-10
1. Normalmente, Paco duerme bien.
   Anoche durmió mal.
2. Normalmente, Tina y Elena piden pizza vegetariana.
   Anoche pidieron pizza con salchicha y tocino.
3. Normalmente, el profesor de español almuerza con los otros profesores.
   Ayer almorzó con los estudiantes.
4. Normalmente, juego al tenis por la tarde.
   Ayer jugué por la mañana.
5. Normalmente, las clases empiezan a las ocho de la mañana.
   Ayer empezaron a las ocho y media.

6-11
(Answers will vary.)

6-12
1. viajero
2. firmar *o* endosar
3. cambiar
4. efectivo
5. cambio
6. contar
7. depositar
8. cobrar
9. gastar, ahorrar
10. encontrar

6-13
(No answers provided for reading exercises.)

6-14
1. nada
2. nunca
3. nadie
4. tampoco

6-15, 6-16
*(No answers provided for **Repaso general** exercises.)*

Capítulo 7

7-1

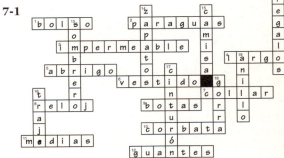

7-2
(No answers provided for reading exercises.)

7-3
1. talla
2. gafas, lentes de contacto
3. sucio
4. ropero
5. oro, plata
6. larga, corta

7-4
1. vemos
2. mira
3. buscar(la)
4. ver

7-5
1. Sí, es mío.
2. Sí, son mías.
3. Sí, es suyo.
4. Sí, es suya.
5. Sí, son nuestras.
6. Sí son nuestros.

7-6
1. Una amiga mía lleva mi chaqueta.
2. ¿De quién es este paraguas rojo? ¿Es tuyo?
3. No es mío. Es de Ana.
4. Su impermeable está aquí también.

7-7
ANTONIO: míos

MIGUELITO: tuyos, míos

JULIA: suyos, José

7-8
1. ¿Hiciste la tarea anoche?
2. ¿Pudiste hablar con la profesora ayer?
3. ¿Trajiste las fotos de México a clase hoy?
4. ¿Estuviste en la fiesta de la clase el sábado?
5. ¿Supiste que Juan sacó una "A" en todas sus clases este semestre?

7-9
1. hizo, Hicimos
2. vinieron
3. trajeron
4. Puse
5. pudo
6. Estuvimos
7. Tuvimos

7-10
(Answers will vary.)

7-11
1. Mi tía me regaló una chaqueta.
2. Mi tía les regaló botas.
3. Mi tía te regaló un reloj.
4. Mi tía le regaló una bolsa.
5. Mi tía nos regaló suéteres.

7-12
1. Le regalé una bolsa a mi amiga Linda.
2. Les mandé unos regalos a mis primos.
3. Le mostré las fotos a mi tía.
4. Le devolví la cámara a mi padre.
5. Les conté mis aventuras a mis abuelos.
6. Le traje una camiseta a mi hermana.
7. Le di un mapa de México a la profesora.

7-13
(Answers will vary.)
1. ...voy a regalar...
2. les voy a regalar...
3. te voy a regalar...
4. le voy a regalar...
5. le voy a regalar...

7-14
1. Mi abuela me lo mandó.
2. Mi hermana me la escribió.
3. Mi tía me los prestó.
4. Jorge me la dio.
5. Carmen me lo contó.
6. Óscar me lo dijo.

7-15
1. Va a regalárselos a Elena y a Sonia.
2. Va a regalársela a su hermanita.
3. Va a mostrárselas a sus abuelos.
4. Va a mostrárselo a la profesora Serra.
5. Va a devolvérsela a Juan.
6. Va a devolvérsela a su mamá.

7-16
MARÍA: te

JUANITA: me, las

MARÍA: (mostrár)selas

JUANITA: se, las

7-17, 7-18
(No answers provided for **Repaso general** exercises.)

Capítulo 8

8-1

8-2
1. orejas
2. nariz
3. boca
4. dientes
5. labios
6. ojos
7. manos, pies
8. brazos
9. piernas, pies

8-3
1. tabaco
2. Modere su consumo de bebidas alcohólicas.
3. Protéjase durante la exposición al sol.
4. Evite un exceso de peso y coma frecuentemente fruta, cereales y legumbres.
5. Mantenga un comportamiento sexual sano y una adecuada higiene.

8-4
1. Vuelva a casa ahora.
2. Descanse.
3. Beba líquidos.
4. Tome aspirinas.
5. Acuéstese temprano.
6. No venga a la universidad mañana.
7. Haga una cita con su médico/a.

8-5
1. Lleguen al trabajo a tiempo.
2. Traigan su almuerzo o...

3. ...almuercen en la cafetería del almacén.
4. Repitan: "No se puede fumar en el almacén".
5. Quédense en el almacén todo el día.
6. No salgan antes de las cinco de la tarde.
7. Pongan la ropa en los escaparates todas las mañanas.
8. Hagan su trabajo de una manera eficiente.
9. No se preocupen del salario.
10. Hablen conmigo si hay problemas.

8-6
1. dolor de estómago, diarrea, náuseas, vómitos
2. cansancio, congestión nasal, dolor de cabeza, dolor de garganta, escalofríos, estornudar, fiebre, tos
3. congestión nasal, dolor de garganta, estornudar, tos
4. congestión nasal, dolor de garganta, estornudar, tos, escalofríos, fiebre

8-7
(No answers provided for reading exercises.)

8-8
1. dormía
2. corríamos, jugábamos
3. plantábamos
4. nadaba
5. preparaba
6. comíamos, tomábamos
7. pasábamos, estábamos
8. eran

8-9
1. comía, como
2. hacía, hago
3. tomaba, tomo
4. dormía, duermo
5. pasaba, paso

8-10
(Answers will vary.)

8-11
1. hablaba, tuvo, habló
2. despertaba, los despertó
3. les tomó, les tomaba
4. les ponía, le puso
5. les daba, se los dio
6. salió, salía

8-12
1. Era
2. Hacía
3. Eran
4. caminaba
5. Llevaba
6. Iba
7. llegó, abrió, entró
8. estaba
9. tenía
10. tuvo, salió

8-13
1. hacía
   El lobo esperaba a la niña.
2. Dormía, llegó
   Sí, dormía cuando la niña llegó.

3. hizo, vio
   Salió de la casa corriendo.

8-14
1. Hace una hora que Esteban duerme.
   Esteban has been sleeping for an hour.
2. Hace dos horas que Natalia ve videos.
   Natalia has been watching videos for two hours.
3. Hace treinta minutos que hablamos por teléfono.
   We have been talking on the phone for thirty minutes.
4. Hace dos días que estudio para el examen de biología.
   I have been studying for the biology test for two days.

8-15
1. ¿Cuándo te fracturaste la pierna?
   Me fracturé la pierna hace dos meses.
2. ¿Cuándo te puso el médico el yeso?
   El médico me puso el yeso hace dos meses.
3. ¿Cuándo te quitó el médico el yeso?
   El médico me quitó el yeso hace dos semanas.
4. ¿Cuándo aprendiste a usar las muletas?
   Aprendí a usar las muletas hace una semana.
5. ¿Cuándo te sacó el médico la última radiografía?
   El médico me sacó la última radiografía hace dos días.
6. ¿Cuándo empezaste el programa de fisioterapia?
   Empecé el programa de fisioterapia hace tres días.

8-16, 8-17
(No answers provided for **Repaso general** exercises.)

Capítulo 9

9-1

9-2
(Answers will vary.)
1. el vaso, ..., ..., ...
2. la taza, ..., ..., ...
3. el tenedor, ..., ..., ...
4. el cuchillo, ..., ..., ...
5. la cuchara, ..., ..., ...
6. la servilleta, ..., ..., ...

9-3
1. alquilar
2. dueña
3. mudarme

4. lavadora, secadora
5. jardín
6. muebles
7. ruidos
8. prendo

9-4

(Answers will vary.)

9-5

2. Hice las camas.
3. Saqué la basura.
4. Lavé y sequé los platos.
5. Puse la mesa.
6. Apagué el televisor (el estéreo).
7. Prendí el estéreo (el televisor).
8. Empecé a preparar la cena.

9-6

(No answers provided for reading exercises.)

9-7

1. Pasa tiempo con él.
2. Juega con él.
3. Léele cuentos.
4. Escúchalo.
5. Sé cariñoso con él.
6. Enséñale las cosas importantes de la vida.
7. Ten paciencia con él.
8. Dile que lo quieres mucho.

9-8

1. No te lo comas.
2. No las toques.
3. No lo devuelvas.
4. No la laves.
5. No te vayas.

9-9

1. Levántate más temprano.
   No te levantes tan tarde.
2. Acuéstate más temprano.
   No te acuestes tan tarde.
3. Apaga el televisor.
   No apagues la computadora.
4. Pon tus cosas en el ropero.
   No las pongas en el suelo.
5. Dime la verdad.
   No me digas mentiras.
6. Ve a clase.
   No vayas al centro estudiantil.
7. Sal con tus amigos.
   No salgas con esas personas.
8. Lleva tu ropa.
   No lleves la mía.

9-10

1. Esteban ha limpiado su apartamento. ¡Qué sorpresa!
2. Camila ha recibido un cheque y se ha comprado un estéreo.
3. Alfonso y Natalia se han ido a Mt. Palomar para ver el famoso observatorio.
4. Linda y Manuel han encontrado trabajo.
5. Carmen ha escrito un cuento original.

9-11

ANA MARÍA: ha muerto
SUSANA: has visto
ANA MARÍA: ha estado
SUSANA: ha vuelto

9-12

1. ¿Has sacado la basura? Sí, la he sacado.
2. ¿Has hecho la cama? Sí, la he hecho.
3. ¿Has terminado los ejercicios de matemáticas? Sí, los he terminado.
4. ¿Te has lavado las manos? Sí, me las he lavado.
5. ¿Te has cepillado los dientes? Sí, me los he cepillado.
6. ¿Te has puesto los zapatos? Sí, me los he puesto.

9-13

1. Mis amigos dijeron que nunca habían visitado la Alhambra.
2. Dijimos que nunca habíamos visto el Estrecho de Gibraltar.
3. Carmen dijo que nunca había comido una paella.
4. Dijiste que nunca habías tomado sangría.
5. Dije que nunca había ido a una corrida de toros.

9-14

ARMANDO: tanta, tantas, tan, como
LUIS: tanto como
ARMANDO: tanto como
LUIS: tan, como
ARMANDO: tantos, como

9-15

1. está más cerca, que
2. tiene más habitaciones que
3. tiene menos baños que
4. tiene tantas salas como
5. es tan grande como
6. es más grande que
7. es más cara que

9-16

(Answers will vary.)

1. La persona mayor de mi familia es... Tiene... años.
2. La persona menor de mi familia es... Tiene... años.
3. La persona más interesante de mi familia es... Porque...
4. El/La mejor profesor/a de mi vida académica es... Porque...
5. La mejor/peor experiencia de mi vida académica ha sido...
6. La mejor/peor experiencia personal de mi vida ha sido...

9-17, 9-18

*(No answers provided for **Repaso general** exercises.)*

Capítulo 10

10-1

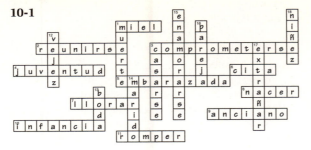

10-2

(No answers provided for reading exercises.)

10-3

1. viudo
2. soltera
3. amor a primera vista
4. se acuerda de
5. se queja
6. se ríe de
7. se olvida de
8. tiene celos
9. cariñosa
10. comprensivo
11. tratan de

10-4

2. ...por primera vez en el gimnasio del crucero.
3. Se encontraron por casualidad en la piscina.
4. Se pasaron toda la tarde hablando.
5. Bailaron a la luz de la luna.
6. Se besaron.
7. Exploraron juntos varias islas del Caribe.
8. Se despidieron con un fuerte abrazo.
9. Decidieron comunicarse todos los días.
10. Se van a reunir muy pronto en la ciudad de Nueva York.

10-5

ALEX: eran, se llevaban, Se querían
ELENA: se casaron, fue
ALEX: Se divorciaron
ELENA: tuvieron, se separaron, resolvieron

10-6

1. un *o* el mensaje
2. ¡Aló!
3. el código del área
4. el teléfono celular
5. la guía telefónica

10-7

1. Te aconsejo que le preguntes si tiene novio/a.
2. Te aconsejo que almuerces con él/ella.
3. Te aconsejo que le pidas su número de teléfono.
4. Te aconsejo que lo/la invites a caminar por el campus.
5. Te aconsejo que le traigas una flor o un regalito.
6. Te aconsejo que le digas que te gusta su forma de vestir.
7. Te aconsejo que le hagas una invitación para ir a cenar.

10-8

1. Es difícil que seas tan inteligente como Einstein.
2. Es difícil que vayas todos los fines de semana a fiestas con estrellas de cine.
3. Es difícil que en tu carro haya espacio para 10 personas.
4. Es difícil que sepas todas las capitales de todos los países del mundo.
5. Es difícil que des fiestas todos los lunes.
6. Es difícil que estés en cinco fraternidades.

10-9

1. Les recomiendo que piensen en las causas del problema.
2. Les recomiendo que se reúnan.
3. Les recomiendo que se hablen.
4. Les recomiendo que se escuchen.
5. Les recomiendo que sean flexibles.
6. Les recomiendo que busquen soluciones.
7. Les recomiendo que resuelvan sus problemas.

10-10

1. Te recomiendo que hagas la tarea.
2. Te sugiero que le pidas ayuda al profesor.
3. Te digo que estudies en la biblioteca con más frecuencia.
4. Te pido que no salgas todas las noches.
5. Te recomiendo que te acuestes temprano.
6. Te sugiero que te levantes cuando suene el despertador.
7. Insisto en que vayas a todas tus clases.

10-11

1. Él quiere comprar el nuevo CD de Shakira.
2. No, él quiere que yo lo compre.
3. Él me sugiere que lo escuchemos antes de comprarlo.

10-12

(Answers will vary.)

10-13

1. Siento que esté muy enferma.
2. Temo que tenga más de 102 grados.
3. Espero que vaya al consultorio del médico hoy.
4. Me alegro que normalmente esté bien de salud.

10-14

1. Ojalá que me las regale.
2. Ojalá que me bese y me abrace.
3. Ojalá que me invite a cenar a un restaurante elegante.
4. Ojalá que me deje mensajes amorosos.
5. Ojalá que me escriba poemas de amor.
6. Ojalá que me me diga que me ama.
7. Ojalá que conozca a mis padres pronto.

10-15

1. Se alegra de que haga sol, de que llegue Renato y de que se quede por una semana.
2. Quiere que lo conozcan. *o* Quiere que conozcan a Renato.
3. Espera que sus amigos puedan venir a su apartamento (mañana por la noche).

10-16

(Answers will vary.)

Copyright © 2004 John Wiley & Sons, Inc.

10-17, 10-18

*(No answers provided for **Repaso general** exercises.)*

Capítulo 11

11-1

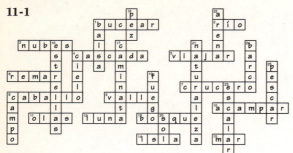

11-2

(Answers will vary.)
1. Me gusta *o* me gustaría ir de vacaciones a...
2. Me gusta... cuando estoy de vacaciones.
3. Sí, (No, no) me gustaría escalar una montaña porque...
4. Me gustan más las... (para pasar las vacaciones).
5. Sí, (No, no) me gusta acampar. Sí, (No, no) me gusta hacer *surf*.

11-3

(No answers provided for reading exercises.)

11-4
1. la vaca
2. la hierba
3. la gallina
4. la araña
5. la mariposa
6. la serpiente
7. el pájaro
8. el mosquito

11-5
1. A Alfonso le fascinan las arañas.
2. A Anita y a su amiga Marta les encanta montar a caballo.
3. Nos molestan los mosquitos.
4. Me interesa estudiar los insectos y la vegetación de la selva.
5. A Camila le importa la conservación de la naturaleza.
6. *(Answers will vary.)* Me encantan *o* me fascinan...

11-6

(Answers will vary.)
1. Vamos a un valle al lado de un río para...
2. Vamos al mar para...
3. Vamos a las montañas para...
4. Vamos a una ciudad para...

11-7
1. para Pablo
2. para Lidia
3. para Anita
4. para, galletas, chocolate
5. 7.80 por
6. 9.75 por
7. 3.95 por
8. por

11-8
1. por
2. para
3. por
4. para
5. por
6. para
7. por
8. para
9. por
10. para
11. por, para
12. para

11-9
1. desperdiciar
2. deforestación
3. conservar
4. reciclar
5. proteger
6. contaminación
7. incendios
8. planetas
9. *(Answers will vary.)* El problema ambiental más serio de nuestro planeta es...

11-10

(Answers will vary.)

11-11
1. No creo que este río tenga pirañas.
2. Dudo que la balsa esté en malas condiciones.
3. No estoy seguro que me guste practicar el descenso de ríos.
4. Estoy seguro/a que me va a gustar la vegetación tropical.
5. Dudo que haya anacondas en este río.

11-12

(Answers will vary.)

11-13
1. ¡Qué bueno que su familia se haya comprado una nueva casa!
2. Me alegro que Beatriz se haya ido de vacaciones a Panamá.
3. Espero que se haya divertido mucho en su viaje.
4. Ojalá que haya ido a muchas fiestas.
5. Es probable que haya bailado muchas cumbias.

11-14
1. hayan hecho, haya visitado, haya pasado, haya hecho, haya visto
2. haya sacado, haya encontrado
3. ha divertido

11-15, 11-16

*(No answers provided for **Repaso general** exercises.)*

Capítulo 12

12-1

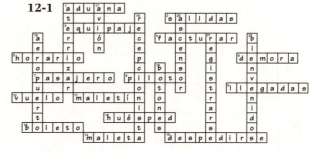

12-2
1. sacar el pasaporte
2. conseguir
3. anticipación
4. azafata
5. auxiliar de vuelo
6. pasillo
7. abrocharse el cinturón
8. bajarse del avión

12-3

(No answers provided for reading exercises.)

12-4

1. Es fenomenal que el vuelo salga a tiempo.
2. Es necesario que lleve mis documentos.
3. Es extraño que mis compañeros no hayan llegado.
4. Es posible que lleguen tarde.
5. Es horrible que no haya restaurantes abiertos en esta terminal.

12-5

(Answers will vary.)

12-6

1. sábanas
2. almohadas
3. mantas o cobijas
4. calefacción, aire acondicionado
5. servicio, habitación
6. propina
7. dejar
8. piscina

12-7

1. noveno
2. cuarto
3. sexto
4. séptimo
5. octavo
6. segundo
7. décimo
8. quinto
10. tercero

12-8

1. No, ningún compañero va a viajar conmigo. *o* No, ninguno va a viajar conmigo.
2. No, no hay ningún vuelo directo a esa isla. *o* No, no hay ninguno.
3. No, no hay ninguna (cabina de lujo cerca de la playa).
4. No, no hay (ni) aire acondicionado ni piscina en las cabinas que yo alquilé.
5. No, nadie me dijo que no hay electricidad en la isla.

12-9

1. Sí, conozco a alguien que ha viajado a la selva amazónica. *o* No, no conozco a nadie que haya viajado a la selva amazónica.
2. Sí, tengo amigos que exageran mucho. *o* No, no tengo amigos que exageren mucho. *(Answers will vary.)*
3. Sí, hay personas que comen insectos vivos. *o* No, no hay personas que coman insectos vivos.
4. Sí, he visitado un zoológico que tiene anacondas. *o* No, no he visitado un zoológico que tenga anacondas.
5. Sí, conozco un río donde hay pirañas. *o* No, no conozco un río donde haya pirañas.

12-10

1. a) sea   b) es   c) sea
2. a) llegue   b) llega   c) llegue
3. a) pueda   b) puede   c) pueda

12-11

USTED: pueda
EMPLEADO: sabe
USTED: haya

USTED: sirva
EMPLEADO: sirva

12-12

1. Haré las maletas.
2. Llamará al parque nacional.
3. Comprarán la comida para el viaje.
4. Conseguiremos un mapa.
5. Buscará información acerca de lugares para acampar.
6. Encontraré a alguien que cuide al perro.
7. Traerán su tienda de campaña.
8. Dejaremos un itinerario con nuestros amigos.

12-13

1. ¿Harás ejercicio en el gimnasio? Sí, haré ejercicio en el gimnasio.
2. ¿Saldrás de la universidad? Sí, saldré de la universidad.
3. ¿Tendrás que trabajar? Sí, tendré que trabajar.
4. ¿Irás a la fiesta de Inés? Sí, iré a su fiesta.
5. ¿Podrás llevar comida y bebidas? Sí, podré llevar comida y bebidas.

12-14

(Answers will vary.)

12-15, 12-16

*(No answers provided for **Repaso general** exercises.)*

Capítulo 13

13-1

13-2

1. el taller mecánico
2. revisar
3. los frenos
4. la cuadra
5. estacionar
6. la esquina
7. el estacionamiento

13-3

1. ¡Socorro! ¡Auxilio!
2. ¡Qué lío!
3. ¡Claro! ¡Por supuesto!
4. ¡Ay de mí!
5. ¡Qué lástima!

13-4

(No answers provided for reading exercises.)

13-5

1. Cambiémosle el aceite y los filtros.
2. Revisémosle la batería.
3. Pongámosle aire a las llantas.
4. Reparémosle los frenos.

5. Afinémosle el motor.
6. Pongámosle gasolina.
7. No conduzcamos a más de 100 km/h.

13-6
1. Empaquemos esta noche.
2. Acostémonos temprano.
3. Levantémonos a las siete.
4. Desayunemos.
5. Salgamos a las ocho de la mañana.

13-7
(Answers will vary.)

13-8
1. para que
2. a menos que
3. en caso de que
4. con tal que

13-9
(Answers will vary.)
1. Voy a Cancún con tal de que consiga...
2. No puedo ir a menos que reciba...
3. Voy a llevar mi sombrero grande en caso de que haga...
4. Voy a mandarte una tarjeta postal para que veas...

13-10
1. estación, ferrocarril
2. perder
3. taquilla
4. ida, vuelta
5. primera, segunda
6. maletero
7. servicio
8. tatuaje

13-11
1. ...fuera a visitarlo, le escribiera mensajes, le dijera cosas bonitas, lo/la llamara por teléfono.
2. ...hiciéramos los ejercicios, escribiéramos una composición, fuéramos al laboratorio, habláramos con hispanohablantes.
3. ...la llamaras, no te acostaras tarde, tuvieras cuidado en la playa, no fueras a lugares peligrosos.
4. ...revisaran las llantas, compraran aceite para el carro, limpiaran los parabrisas, empacaran las maletas.

13-12
1. Dudaba que mis amigos tuvieran reservaciones.
2. Querían que el hotel estuviera cerca del centro.
3. Buscaban un hotel que fuera económico.
4. Esperaban que hubiera una estación del metro cerca.
5. Era urgente que encontraran un hotel con esas condiciones.

13-13
(Answers will vary.)

13-14
1. Aquí se afinan motores y se revisan frenos.
2. Aquí se venden mapas.
3. Se alquilan carros nuevos.

4. Se prohíbe fumar.
5. Se habla español/inglés aquí.

13-15, 13-16
(No answers provided for **Repaso general** exercises.)

Capítulo 14

14-1

14-2
(No answers provided for reading exercises.)

14-3
1. luchar
2. en contra de, pena de muerte
3. eliminar
4. legalizar
5. narcotráfico
6. leyes
7. discriminación

14-4
1. Reduciré el desempleo tan pronto como la economía mejore.
2. Apoyaré esa causa, con tal que me den más información.
3. No firmaré esa ley, a menos que haya una emergencia.
4. Hablaré con los senadores después de que regresen a la capital.
5. Resolveré ese problema antes de que los ciudadanos se quejen.
6. Seré presidente hasta que expire mi período.

14-5
1. reciba, recibí
2. llegó, llegue
3. me digas, me dijiste

14-6
1. a) Los llamaré antes de salir.
   b) Los llamaré antes de que salgan.
2. a) Haremos las maletas después de lavar la ropa. o Empacaremos después de lavar la ropa.
   b) Haremos las maletas después de que laves la ropa. o Empacaremos después de que laves la ropa.

14-7
(Answers will vary.)

14-8
1. ...empezaríamos a trabajar el lunes 8.
2. Dijo que Pablo y Lidia conocerían a la jefa mañana.

3. Dijo que tendría que trabajar tarde los miércoles.
4. Dijo que Carmen podría salir del trabajo temprano y completarlo en casa.
5. Dijo que aprenderías a usar las máquinas nuevas sin problema.
6. Dijo que recibiría un aumento de salario en tres meses.
7. Dijo que Elena y Anita harían una variedad de cosas interesantes en el trabajo.
8. Dijo que nos gustaría mucho trabajar para su compañía.

14-9
(Answers will vary.)

14-10
1. Si tuviéramos el dinero, se lo daríamos a los pobres.
2. Si fuera presidente/a, resolvería los problemas de nuestro país.
3. Si trabajara en la ONU, lucharía por la paz mundial.
4. Si los científicos encontraran una cura para el cáncer, estaríamos muy contentos.
5. Si todos los países protegieran el medio ambiente, salvarían nuestro planeta.

14-11
(Answers will vary.)
1. Si mi novio/a me dejara por otro/a...
2. Si pudiera hablar con un extraterrestre...
3. Si fuera a las fiestas de San Fermín en Pamplona...

14-12
(Answers will vary.)

14-13
1. Ojalá que tuviera un coche nuevo.
2. Ojalá que pudiera viajar por todo el mundo.
3. Ojalá que hablara cinco lenguas.
4. Ojalá que fuera famoso/a.
5. Ojalá que conociera bien todas las regiones de este país.
6. Ojalá que estuviera en...
7. *(Answers will vary.)* Ojalá que...

14-14, 14-15
*(No answers provided for **Repaso general** exercises.)*